Zu diesem Buch

Millionen Menschen in aller Welt haben «Das Peter-Prinzip» gelesen. Millionen wissen seither, warum im Leben so vieles schiefgeht, warum vom Toaster bis zum Computer, von der Ehe bis zum Management, vom Auto bis zum Umweltschutz nichts so funktioniert, wie es funktionieren sollte und wie es funktionieren könnte, wenn …

Wenn sich Millionen an «Das Peter-Programm» hielten. In diesem neuen, wegweisenden Buch beweist der Autor, daß wir der Unfähigkeit, deren Resultate uns im Beruf und im privaten Bereich, in Politik und Wirtschaft tagaus, tagein deprimieren, nicht hilflos ausgeliefert sind. Laurence J. Peter zeigt, daß wir etwas dagegen tun können, und vor allem zeigt er, was wir tun können, um die scheinbar erdrückende Übermacht von Unzulänglichkeiten und Ignoranz zu überwinden.

Laurence J. Peter, Entdecker des Peter-Prinzips und Begründer der Hierarchologie, der Lehre von der zur Unfähigkeit verführenden Eigengesetzlichkeit unserer Institutionen, Organisationen, Betriebe, Behörden und Sozialstrukturen, ist durch sein erstes Buch «Das Peter-Prinzip» (rororo sachbuch 61351) berühmt geworden. Er hat sich dem Kampf für eine bessere Welt und gegen die Gefahren des Peter-Prinzips verschrieben. Den einzelnen vor den Fallgruben der Unfähigkeit zu bewahren und so die Menschheit zu retten ist sein erklärtes Ziel. Laurence J. Peter starb 1990 in Kalifornien.

Laurence J. Peter

Das Peter-Programm

oder

Der 66-Punkte-Plan,
mit dem man Problemen, Pannen und
Pleiten Paroli bieten kann

Deutsch von Kurt Wagenseil

rororo

Rowohlt

Die amerikanische Originalausgabe erschien unter dem Titel
«The Peter Prescription.
How to Be Creative, Confident and Competent»
bei William Morrow & Company, Inc., New York

17. Auflage November 2002

Veröffentlicht im Rowohlt Taschenbuch Verlag GmbH,
Reinbek bei Hamburg, Februar 1976

Umschlaggestaltung Susanne Müller
Satz Garamond (Linotron 505 C)
Gesamtherstellung Clausen & Bosse, Leck
Printed in Germany
ISBN 3 499 16947 9

Inhalt

Für Irene, die das Manuskript
getippt hat – und mich durch ihre
provokatorischen Fragen am
Schreiben hinderte,
für Howard Cady, der als mein
Verleger für eventuelle Irrtümer in
diesem Buch geradestehen muß,
für Julius Kane, der an Hand einer
statistischen Analyse die Richtigkeit
des Peter-Prinzips bewies *,
für C. Northcote Parkinson,
der das Peter-Prinzip nicht recht zu
würdigen wußte,
für Felice in Dankbarkeit für wirk-
liches Verständnis,
für Howard Stern,
dem ich so vieles verdanke,
für John, Edward, Alice und Margaret
– möge es ihnen gelingen, das
Endplazierungs-Syndrom zu meiden,
für Auriel Prete, der möglicherweise
gar nicht existiert,
und für alle, die
Das Peter-Prinzip gelesen und mich
durch ihre Fragen angeregt haben,
Das Peter-Programm zu schreiben.

* Julius Kane:
«Dynamics of the Peter Principle».
In: *Management Science*,
Bd. 16, Nr. 12 (August 1970).

Meine Art, Witze zu machen, ist, die Wahrheit zu sagen. Sie ist der größte Witz der Welt.

GEORGE BERNARD SHAW

Einführung
oder
Jenseits des Peter-Prinzips

> Irren ist menschlich – aber wenn du den Radiergummi vor dem Bleistift aufbrauchst, übertreibst du es.
> J. JENKINS

Seit der Erfindung des Rades wurde der Mensch immer wieder das konsternierte Opfer der von ihm selbst geschaffenen Wunder. Er bestellte das Land und erzeugte Nahrung in Hülle und Fülle. Er machte sich mit Segeln den unsichtbaren Wind nutzbar und beutete die Kraft stürzender Wasserfälle aus. Durch Verbrennungswärme verwandelte er Wasser in Dampf und erzeugte auf diese Weise Energie. Er erleuchtete seine Welt mit Hilfe der Elektrizität und stieß in die komplizierten Bereiche der elektronischen Kommunikation und der Kernspaltung, der Computer und der Laserstrahlen vor. Er reiste in den Weltraum und wandelte auf dem Mond.

> Es hat in den Jahren meines Lebens allerlei Fortschritt gegeben, aber ich fürchte, er bewegt sich in der falschen Richtung.*
> OGDEN NASH

Zusammen mit all diesen ruhmreichen Leistungen hat der Mensch jedoch erschreckende Unzulänglichkeiten hervorgebracht. Er entwickelte eine dermaßen aufgeblähte Bürokratie, daß heute die Erledigung der einfachsten Aufgabe Unmengen Zeit und Mühe erfordert. Er schuf ein ausgeklügeltes Postsystem, und doch dauert es heute oft länger, bis ein Brief seinen Empfänger erreicht, als in den Tagen der Postkutsche. Er konstruierte Düsenflugzeuge, mit denen er in wenigen Stunden den Ozean überquert – um dann endlos über dem Flughafen zu kreisen und schließlich, nach der Landung, zu erfahren, daß sein Gepäck in einer anderen Maschine nach einem anderen Bestimmungsort geflogen ist. Er steht Schlange nach einem Taxi, während gleichzeitig, ein paar hundert Meter entfernt, Schlangen von Taxis auf Fahrgäste warten. Er versucht,

* Die Zitate mögen dem Leser helfen, neue Ideen mit vertrauteren Gedanken in Verbindung zu bringen.

> Die beiden anziehendsten Möglichkeiten eines Schriftstellers sind es, Neues in einem vertrauten Licht und Vertrautes in einem neuen Licht zu zeigen.
> WILLIAM MAKEPEACE THACKERAY

zu Hause anzurufen, vernimmt aber statt des Amtszeichens Totenstille oder stellt beim Wählen fest, daß die Leitung wieder einmal überlastet ist. Er benutzt für seine Fahrten zur Arbeit die modernen Nahverkehrsmittel und verliert immer wieder Zeit durch häufige Betriebsstörungen.

Bei ihm zu Hause funktionieren die neuen Geräte nicht oder fallen nach ein paar Tagen auseinander. Der Kundendienst klappt nicht, die Reparaturen dauern ewig, und bekommt er sein Gerät dann endlich zurück, ist es nach kurzer Zeit schon wieder kaputt.

> Was wir Fortschritt nennen, ist nur der Tausch eines Ärgernisses gegen ein anderes. HENRY HAVELOCK ELLIS

Das Finanzamt schickt ihm das Formular für die Einkommensteuererklärung, mit Erläuterungen, die so kompliziert sind, daß er sie nicht versteht. Er liest: «Wenn der in Zeile 15 a einzusetzende Betrag weniger als $ 5 000 beträgt und sich nur aus dem Steuerabzugsverfahren unterworfenen Einkünften aus nichtselbständiger Arbeit und nicht mehr als $ 200 an Einkünften aus Kapitalvermögen und Einkünften, die nicht dem Steuerabzugsverfahren unterlegen haben, zusammensetzt und der Steuerpflichtige in Zeile 15 b keine Ansprüche auf Steuervergünstigungen geltend macht, brauchen zur Errechnung des zu versteuernden Einkommensbetrags die Zeilen 16, 17, 18, 20, 21, 22, 23, 24, 25 und 26 nicht ausgefüllt zu werden. Zeile 19 ist unbedingt auszufüllen.»

Wenn der Mensch über seine gewaltigen Mißgriffe im Gegensatz zu seinen großartigen Leistungen nachdenkt, wird ihm klar, wie leicht er ein Opfer seiner eigenen oder anderer Leute Unfähigkeit werden kann. In der Schule ließ er sich gelangweilt gehen, weil seine Lehrer nicht zu unterrichten verstanden. Gibt er sein Auto in eine Reparaturwerkstatt, bekommt er es unter Umständen mit den ursprünglichen Defekten und noch einigen neuen dazu zurück. Er wählte eine Regierung, die eine ‹große Gesellschaft› versprach, aber nicht einmal einen ausgeglichenen Haushaltsplan zustande brachte.

> Trümmer über Trümmer, Niederlage auf Niederlage, und die Wirrnis wird immer wirrer. JOHN MILTON

Meine Untersuchungen dieses Fähigkeits-Unfähigkeits-Phänomens führten mich dazu, das Peter-Prinzip zu formulieren:

IN EINER HIERARCHIE
NEIGT JEDER BESCHÄFTIGTE DAZU, BIS ZU SEINER STUFE DER UNFÄHIGKEIT AUFZUSTEIGEN.

Im Verlauf meiner weiteren Forschungsarbeiten über das Peter-Prinzip entdeckte ich zu meiner Überraschung, daß ich eine neue Wissenschaft, die Hierarchologie, das Studium der Hierarchien, begründet hatte.
Das Leben des Menschen spielt sich in Hierarchien ab. Seine Schulen sind nach Stufen eingeteilt, vom Kindergarten und der Grundschule bis zur Hochschule. Seine Arbeitswelt ist nach Rangstufen, die Gesellschaft, in der er lebt, nach Klassen und Schichten gegliedert. Er ist Bürger eines Staates, dessen Aufbau einer Pyramide entspricht, mit der Masse der Steuerzahler als Basis und dem Staatsoberhaupt als Spitze. Ähnliches gilt für das Militär, für religiöse Orden, für die soziale Fürsorge, den Sport, die Mafia usw. – alle diese Organisationen und Bereiche sind hierarchisch strukturiert.
Da wir in Hierarchien leben und arbeiten, und da so vieles in unserem Alltag durch Hierarchien kontrolliert wird, ist es entscheidend für unser Leben und Wohlergehen, daß wir sie genau verstehen.
Jede Hierarchie besteht aus einer festen Ordnung von Rängen, Graden oder Stufen, denen der einzelne zugeordnet werden kann. Wenn er fähig und tüchtig ist, wird er zu den positiven Leistungen der Menschheit beitragen. Läßt man ihn auf der Stufenleiter emporklettern, kann es geschehen, daß er durch Beförderung von der Stufe der Fähigkeit entfernt und auf seiner Stufe der Unfähigkeit plaziert wird.
Für jeden Posten auf der Welt gibt es irgendwo jemanden, der nicht imstande ist, ihn auszufüllen. Wird ihm genügend Zeit und Förderung gewährt, dann wird er diesen Posten schließlich bekommen und sich daran festklammern. Er wird stümpern und pfuschen, seine Mitarbeiter frustrieren und die Leistungsfähigkeit der Organisation beeinträchtigen.
Es geht beim Peter-Prinzip nicht um das Versehen oder den Schnitzer, nicht um den Fauxpas oder den gelegentlichen Fehler, die jeden einmal in Verlegenheit bringen können. Jedem kann ein Irrtum unterlaufen. Die größten und fähigsten Männer der Geschichte haben ihre Fehler gemacht. Umgekehrt kann der unfähige Stümper durch Handeln auf gut Glück auch einmal das Richtige treffen.

> Ein blindes Huhn findet auch ein Korn. SPRICHWORT

> Ich hadre nicht mit einem kleinen Fehler,
> Den die uns angeborne Schwachheit wohl entschuldigt. EARL OF ROSCOMMON

Dauerhafte Errungenschaften beruhen so gut wie immer auf der Leistung von Menschen, die noch nicht ihre Endposition erreicht haben. Aber auch sie sind, wie alle anderen, den Einflüssen des Peter-Prinzips ausgesetzt. Jeder ist ein potentieller Anwärter auf Beförderung. Je mehr einzelne zu den Stufen ihrer Unfähigkeit aufsteigen, um so mehr häuft sich die Spreu: eine ungesunde Bürokratie macht sich breit, die Qualität verschlechtert sich, die Mittelmäßigkeit triumphiert, Firmen machen Pleite, Regierungen stürzen, die Zivilisation verfällt, und die Aussichten auf die Zukunft des Menschen verdunkeln sich mehr und mehr.

> Es ist ein Paradox in unserer sich so rasch und drastisch wandelnden Zeit, da die Zukunft mitten unter uns ist und die Gegenwart vor unseren Augen verschlingt, daß wir dessen, was vor uns liegt, niemals weniger sicher waren. E. HOFFER

Nachdem *Das Peter-Prinzip* erschienen war, erhielt ich Tausende von Briefen, in denen Opfer des Peter-Prinzips mich um Hilfe bei der Lösung persönlicher Probleme baten. Ebenso wurde ich nach meinen Vorträgen immer wieder nach Mitteln zur Lösung spezifischer Probleme gefragt. Alle diese Fragen lassen sich in zwei allgemeine Kategorien einteilen: 1. Was kann ich tun, um das Endplazierungs-Syndrom zu vermeiden? 2. Wie kann ich als Manager meine Mitarbeiter auf der ihren Fähigkeiten angemessenen Stufe halten? Dieses Buch, *Das Peter-Programm*, gibt die Antwort auf diese und ähnliche Fragen.

> Der wahre Zweck von Büchern ist es, den Geist zu eignem Denken zu verleiten. CHRISTOPHER MORLEY

Viele Autoren bringen Antworten vor, noch ehe sie die Fragen verstanden haben. Beim Peter-Programm ist dies nicht der Fall. Ich kenne die Wirkungsweise des Peter-Prinzips genau, und die angebotenen Gegenmittel sind das Ergebnis jahrelanger Forschungsarbeit. Ich empfehle nicht immer den leichtesten Weg, aber wer meine Vorschläge befolgt, wird große persönliche Befriedigung und die Freude wirklicher Erfüllung finden.

> Für jedes menschliche Problem gibt es immer eine einfache Lösung – klar, einleuchtend und falsch.
> HENRY LOUIS MENCKEN

Ziel des Peter-Programms ist es, den Menschen in allen Lebensbereichen zum Glück zu verhelfen. Glück erlangt man durch Selbstverwirklichung oder indem man seine besten Fähigkeiten entfaltet und die Fallgruben der Unfähigkeit meidet. In einfachen Worten ausgedrückt:

PETER-POSTULAT: VORWÄRTS ZU EINEM BESSEREN LEBEN

Wahrer Fortschritt wird durch Vorwärtsschreiten und nicht durch Aufstieg bis zur Inkompetenz erreicht. Das Peter-Programm zeigt den jedermann offenstehenden Weg zu wirklichem Erfolg. Um ihn zu beschreiten, bedarf es nur der Erkenntnis, daß es sinnvoller ist, ein besseres Leben zu schaffen, als sich bis zu völliger Lebensunfähigkeit emporzuarbeiten. Das Peter-Prinzip setzt an die Stelle sinnlosen Emporstrebens die Verbesserung der Lebensqualität.

> Ich bin bereit, überall hinzugehen, vorausgesetzt, der Weg führt vorwärts.
>
> DAVID LIVINGSTONE

Das Peter-Programm ist in drei Teile gegliedert:

Erster Teil

WIE INKOMPETENZ ZUR TRETMÜHLE WIRD

Dieser Teil wird Ihre Kenntnis der im Peter-Prinzip behandelten Mißstände vertiefen und Ihnen klar und verständlich machen, warum die meisten konventionellen Versuche, Probleme zu lösen, nur geeignet sind, die Probleme zu eskalieren.

Zweiter Teil

WIE MAN SICH SEINE KOMPETENZ ERHÄLT

Das genaue Studium dieses Teils zeigt Ihnen, wie Sie in Ihrem Leben und Ihrer Arbeit schöpferisch, selbstsicher und kompetent sein können. Es zeigt Ihnen ferner, wie Sie sich selbst davon abhalten können, ein tragisches Opfer sinnlosen Emporstrebens zu werden, und es gibt Ihnen einen Leitfaden an die Hand, mit dessen Hilfe Sie Glück in Ihrem Privatleben und Befriedigung in Ihrer beruflichen Laufbahn finden können.

Dritter Teil

KOMPETENZ DURCH KOMPETENTES MANAGEMENT

Dieser Teil zeigt Ihnen den Weg zum Erfolg im Umgang mit anderen. Er zeigt Ihnen ferner, wie Sie Ihre Leistungsfähigkeit und Kompetenz als Führungskraft erhöhen können.

> Wir haben unsere Umwelt so radikal verändert, daß wir uns jetzt selber ändern müssen, um in dieser neuen Umwelt existieren zu können. NORBERT WIENER

Erster Teil

Wie Inkompetenz zur Tretmühle wird

Die Tiere fühlen, wo ihre Gaben liegen:
Ein Bär wird nicht versuchen zu fliegen,
Ein lahmend Pferd bleibt stehn und sinnt,
Bevor es die fünffache Hürde nimmt,
Ein Hund weicht instinktiv zur Seit',
Ist ihm der Graben zu tief und breit,
Der Mensch indes scheint uns die einzige Kreatur,
Die, von Narrheit gelenkt, bekämpft die Natur,
Der, wenn sie mahnend ruft: Laß ab!
Sich starren Sinnes gräbt sein Grab,
Und wider seinen Genius ringt,
Ihm töricht seinen Plan aufzwingt.

JONATHAN SWIFT

1. KAPITEL

Vorwärts und aufwärts oder Eins, zwei, drei – hops!

Wer mit goldenen Flügeln zu nah sich zur Sonne emporschwingt,
Bringt sie zum Schmelzen und macht sein eigenes Glück zuschanden.

WILLIAM SHAKESPEARE

Wenn jemand bei dem Versuch, ein bestimmtes Ziel zu erreichen, scheitert, verfällt er als erstes darauf, den Einsatz zu erhöhen, mehr «hineinzustecken» – er investiert mehr Geld in das Projekt, setzt mehr Leute daran, verwendet mehr Energie auf die Verwirklichung seines Vorhabens oder widmet ihr mehr Zeit.

Verwünschter Ehrgeiz,
Wie teuer hab' ich dich bezahlt.

JOHN DRYDEN

Moe Gull*, ein fähiger Küchenchef mit einem außerordentlich feinen Gaumen, erfand im Laufe seiner Karriere einige exquisite Rezepte für Fisch- und Muschelgerichte. Eines Tages eröffnete er in einem stilvollen alten Haus in der Nähe eines Einkaufs- und Bürozentrums ein eigenes kleines Restaurant. Schon in den ersten Tagen nach der Eröffnung zeigte sich, daß seine bescheidenen Inserate in der Lokalzeitung sich bezahlt gemacht hatten. Moe Gulls Fischküche wurde rege besucht und viel gepriesen. Nach dem ersten Geschäftshalbjahr zog Moe Gull die Bilanz seines kühnen Sprungs in die Welt der selbständigen Unternehmer. Es machte ihm Spaß, ein eigenes Restaurant zu haben und es auch selbst zu führen. Er persönlich öffnete am Vormittag die Tür, und er persönlich schloß am späten Abend das Lokal. Er selber kaufte die Muscheln und den Fisch ein, bei einem Lieferanten seines Vertrauens. Er wußte und war stolz darauf, daß die auf seiner bescheidenen Speisekarte angebotenen Gerichte von hoher Qualität waren. Und ebenso stolz war er auf das ansprechende Äußere und die behagliche Atmo-

* In Übereinstimmung mit dem in meinem Buch *Das Peter-Prinzip* erfolgreich angewandten Verfahren[1] sind die in den Fallstudien angegebenen Namen, sofern nicht anders vermerkt[2], frei erfunden, um die Betroffenen zu schützen.

1 Niemand hat mich verklagt.

2 «Dr. Laurence J. Peter» bezieht sich hier stets auf eine lebende Person.

sphäre seines Lokals. Seine Gäste schätzten ihn, und viele betrachteten ihn als Freund. Einmal, als er gerade schließen wollte, kam einer seiner Stammgäste, ein gewisser Monty Carlo, und erklärte, er sei quer durch die ganze Stadt gefahren, nur um eine Schüssel von Moe Gulls köstlichem Fischragout zu verzehren. Aber der Verkehr habe ihn aufgehalten. «Schade», meinte er. «Dann muß ich wohl ein andermal wiederkommen.»

Moe sagte: «Nein, nein, Monty, kommen Sie nur herein. Wenn es Sie nicht stört, daß wir inzwischen schon ein bißchen aufräumen, sollen Sie Ihr Fischragout bekommen. Nehmen Sie Platz, ich kümmere mich darum.» Monty Carlo war entzückt und dankte ihm überschwenglich. Moe hatte seinen kleinen Betrieb fest in der Hand. Er traf alle geschäftlichen Entscheidungen selbst und fühlte sich jeder Situation gewachsen. Tag für Tag bereitete ihm seine Arbeit Freude und Genugtuung.

Zwei Wochen später erzählte Monty Carlo seinem Freund Moe von einer «einmaligen Gelegenheit»: der Besitzer eines Restaurants in günstiger Lage auf der anderen Seite der Stadt habe die Absicht, sich ins Privatleben zurückzuziehen, und er, Monty, sei überzeugt, daß Moe das Lokal mitsamt der Einrichtung und allem Drum und Dran für einen vernünftigen Preis bekommen könne. Er drängte Moe, der Sache nachzugehen.

Nicht lange darauf eröffnete Moe seine Fischküche Nummer 2. Um die Kontrolle über das vergrößerte Unternehmen zu behalten, verbrachte er die Vormittage in seinem Restaurant Nummer 1 und die Nachmittage und Abende in seinem Restaurant Nummer 2.

Doch statt seinen Küchenchefs und dem Bedienungspersonal der beiden Lokale zu sagen, sie sollten während seiner Abwesenheit ihre Arbeit so tun, wie sie es für richtig hielten, machte er ihnen strenge Vorschriften. Er erließ Vorschriften, die den Einkauf betrafen, und mußte feststellen, daß in einem dringenden Fall eben dieser Vorschriften wegen Lebensmittel nicht bei dem günstigsten Lieferanten hatten eingekauft werden können. Er löste das Problem, indem er weitere Vorschriften erließ, die für Notfälle galten. Er schrieb auch vor, daß pünktlich zu schließen und nach Lokalschluß niemand mehr einzulassen sei. Als Monty Carlo wieder einmal zu später Stunde, als man gerade schließen wollte, erschien, wurde er abgewiesen. Und als er sich über diese gleichgültige Behandlung eines Freundes, dem doch immerhin die Vergrößerung des Geschäfts zu verdanken sei, beklagte, erklärte Moe, er habe seinen Angestellten vorgeschrieben, pünktlich zu schließen, und er müsse auf Einhaltung seiner Vorschriften bestehen, anders könne er sein Unternehmen nicht unter Kontrolle halten. Monty äußerte bitter, das mache nun auch nichts mehr aus, Moe Gulls Fischküche habe ohnehin ihre persönliche Note eingebüßt. Man lege keinen

Wert mehr auf Qualität und Service, und das Fischragout sei längst nicht mehr das, was es einmal gewesen sei.
Nachdem Moe Gull noch zwei weitere Restaurants eröffnet hatte, konnte er für die persönliche Leitung und Beaufsichtigung nicht mehr viel Zeit erübrigen. Da er in den einzelnen Restaurants zwangsläufig immer seltener anwesend war, erhoben sich neue Probleme. Um ihnen zu begegnen, erließ er weitere Vorschriften.
Nach und nach wuchs sich das Unternehmen zu einer richtigen Restaurantkette aus. Moe Gull tauchte in den einzelnen Restaurants überhaupt nicht mehr auf. Alle Filialen wurden mit Hilfe von Vorschriften geleitet, die Lieferungen wurden über ein Zentralbüro bestellt, die Arbeitsabläufe standardisiert. Die Fischküche Nummer 1 war jetzt der kleinste Betrieb in einer sich immer mehr ausweitenden Bürokratie.
Heute sind drei Viertel aller Angestellten Moe Gulls nicht eigentlich im Restaurantgeschäft tätig. Sie sind vielmehr mit nichts anderem beschäftigt, als Vorschriften aufzustellen und Vorschriften zu befolgen. Doch diese Bürokratie, die sich nur mit Vorschriften befaßt, hat auch noch eine ernstere Seite. Irgendwie hat Moe Gull selber im Verlauf dieser Eskalation von Vorschriften, Normen und Standardverfahren die Kontrolle über sein Unternehmen verloren. Die Vorschriften, die er machte, um die Kontrolle zu behalten, sind gewissermaßen an seine Stelle getreten und haben die Leitung übernommen.
Ich will dem Leser die unerquicklichen Einzelheiten ersparen. Je mehr Moe Gulls Unternehmen expandierte, um so mehr entwickelte es sich zu einer der üblichen Ketten mäßiger Standard-Abfütterungs-Lokale mit einheitlicher, einprägsamer Fassade. Bald kannte jeder die riesigen, nachts leuchtenden Fischragout-Schüsseln, die auf den Dächern aller Moe Gull-Restaurants rotieren. Man weiß, was auf der Speisekarte steht, die in allen Filialen die gleiche ist, und das Essen, das immer gleich fade und künstlich schmeckt, hat nichts mehr mit der früheren Hausmannskost gemeinsam. Nie mehr erwartet Moe Gulls Stammgäste eine Überraschung. Alles, was sich nur denken läßt, wurde vereinheitlicht. Und Moe, der das ganze Unternehmen aufgebaut hat und leitet, verbringt heute seine Tage mit der Verwaltung seines Imperiums.

> Der Sklave hat nur einen Herrn, der Ehrgeizige so viele Herren, wie Personen da sind, deren Hilfe zur Mehrung seines Reichtums beitragen kann. JEAN DE LA BRUYÈRE

Eine übermäßige Eskalation kann jedes System zerstören. Die beste Nahrung, so gesund und lebenswichtig sie sein mag, kann, wird sie zu reichlich genossen, im menschlichen Organismus Verdauungsstörungen und Fettleibigkeit hervorrufen, die der Gesundheit abträglich sind und das Leben des einzelnen gefährden. Der übermäßige Gebrauch von Verbrennungskraftmaschinen führt zu Luftverschmutzung. Düngemittel, in der richtigen Menge dem Boden beigemischt, erhöhen die Fruchtbarkeit, während sie, in übertriebener Menge gestreut, schädlich sind. Schädlingsbekämpfungsmittel, wie sie zur Steigerung der Ernteerträge verwendet werden, können die Umwelt vergiften, notwendige Insekten, Fische, Vögel und Säugetiere töten und so das biologische Gleichgewicht stören. Ein Übermaß an häuslichen und industriellen Abwässern verwandelt unsere einst kristallklaren Seen und Flüsse in Jauchegruben. Ein Übermaß an Wohlstand kann eine Gesellschaft aushöhlen.

Verseuchung kann das Ergebnis eines Übermaßes an schädlichen Dingen sein, die das System vergiften, aber sie kann auch davon herrühren, daß etwas, das sich in angemessenen Mengen als nützlich erwiesen hat, in unsinniger Übertreibung angewandt wird. Sie kann einfach ein Zuviel des Guten sein.

> Wie nach dem Übermaß von Näschereien
> Der Ekel pflegt am heftigsten zu sein.
>
> WILLIAM SHAKESPEARE

Eine Form der Verseuchung, der die Sozialökologen bisher noch nicht genügend Aufmerksamkeit gewidmet haben, wird durch bürokratische Eskalation bewirkt. Ebenso wie Luft- und Wasserverschmutzung eine ungünstige physische Umwelt schaffen, kann die Verseuchung einer Organisation durch Bürokratie eine ungünstige soziale Umwelt schaffen. Opfer der Verseuchung unserer physischen Umwelt merken oft nicht, daß sie vergiftet werden, bis es zu spät ist. Das liegt daran, daß die Vergiftung allmählich fortschreitet und sich nur schwer feststellen läßt, welche Dosis tödlich ist. Ähnlich verhält es sich bei der *bürokratischen Verseuchung*: Papierkrieg und Kleinigkeitskrämerei nehmen stufenweise zu, bis der unheilvolle Tag kommt, an dem eine Organisation hilflos darin erstickt. Manche Behörden, die ursprünglich nützliche Dienste geleistet haben, produzieren schließlich nur noch Formulare und Verfahren für die Weiterleitung der Formulare, die sie produzieren. Für alle praktischen Zwecke ist die Behörde an Vergiftung durch bürokratische Pedanterie gestorben.

Zwar sind Vorschriften und Bestimmungen unentbehrlich, sowohl zum Schutz des einzelnen als auch für das Wohl der Gesellschaft, doch eine Eskalation der Bürokratie kann nicht nur einzelne unnötig behindern, lähmen und korrumpieren, sondern auch die Gesundheit der Gesellschaft untergraben. Ein Übermaß an bürokratischer Kontrolle und Betriebsamkeit zerstört die Gesellschaftsordnung.

> Es gibt nur wenig an der Bürokratie zu bewundern, nur muß man sie dem Fiskus gegenüber handhaben können. J. L. ROGERS

Heute gibt es in jeder Hierarchie Bürokraten im Überfluß, sei es in der Regierung, beim Militär, im Bildungswesen oder in der Wirtschaft. Unglücklicherweise ist der einzelne nicht ohne weiteres als Bürokrat erkennbar. Manch einer geht ein Leben lang seiner Arbeit nach, ohne daß jemand dahinterkommt, was er eigentlich treibt. Andere ziehen vielleicht das marktschreierische Siegel der Autorität vor und betonen, daß sie sich an ihre Vorschriften halten.

> Es gibt nur eine einzige von Zwergen bediente Riesenmaschine, und das ist die Bürokratie. HONORÉ DE BALZAC

Bürokratische Verseuchung kann den einzelnen seiner Freiheit berauben, wenn die Hierarchie in seine Privatsphäre eindringt und immer mehr von seinem Leben Besitz ergreift. Eine exzessive Ausweitung des militärischen Machtapparats bringt eine gigantische Hierarchie mit sich, die den größten Teil der Steuergelder verschlingt, meist aber nur wenig effektiven Schutz zu bieten vermag. Die Militärbürokratie, ursprünglich dazu errichtet, die Freiheit der Bürger zu schützen, kann sogar in das Privatleben des einzelnen Bürgers eindringen und seine Freiheit zerstören.

> Völker sind durchaus imstande, jede andere Seite des Lebens – Erziehung, Hygiene, Wohnungsbau, Gesundheitswesen, alles, was physisch, geistig und sittlich zum Leben beiträgt – zu vernachlässigen, nur um ihre Militärmacht aufrechtzuerhalten. GOLDSWORTHY LOWES DICKINSON

Eine Verbürokratisierung der Bildungs- oder Wohlfahrtseinrichtungen vermag zwar die Probleme der Unwissenheit oder der Armut nicht zu lösen, doch der Bürger hat die Rechnung zu bezahlen.
Bürokratische Verseuchung beeinträchtigt die Arbeit der Regierung, und die Opfer werden vielleicht nie wissen, was wirklich vor sich geht. Wenn ein System selbst die Kontrolle übernimmt, ist der Punkt erreicht, wo das sozialökologische Gleichgewicht gestört wird. Eine automatische Eskalation der Bürokratie tritt ein, und immer mehr Vorschriften, Verordnungen und Riten setzen sich hoffnungslos durch. Die Inflexibilität der Bürokratie hat etwas Erschreckendes, da sie uns auf einen Kurs festlegt und uns zwingt, diesen Kurs, gleichgültig, was geschieht, zu halten. Weitblickende Menschen, die diese Inflexibilität des bürokratischen Systems erkannt haben, versuchen uns vor dem

drohenden sozialökologischen Unglück zu retten. Unglücklicherweise müssen sie immer wieder feststellen, daß Regierungs-Bürokratien Kreativität und Innovation nur innerhalb bürokratisch abgesteckter Richtlinien zu dulden bereit sind.

> Die Bürokratie verteidigt den Status quo, auch wenn der Zeitpunkt, zu dem das quo seinen Status verlor, schon lange vergangen ist. LAURENCE J. PETER

Mit jedem Tag, der vergeht, werden die Möglichkeiten, daß wir selber unser Schicksal und unsere Zukunft bestimmen, geringer. Das Festhalten am Status quo macht einen Richtungswechsel unmöglich. Wir sind umzingelt und außerstande, einen neuen Kurs einzuschlagen, auch wenn die Umstände das erfordern.
Angesichts so vieler tragischer Beispiele von Menschen, die ihr Leben damit hinbringen, sich in der Hierarchie emporzukämpfen, nur um am Ende zu erkennen, daß auch der größte Reichtum nicht das Glück bedeutet, daß die Anhäufung materieller Güter unerwünschte Verantwortung auferlegt und daß ein hohes Amt quälende Belastungen und lästige Konflikte mit sich bringt – warum müht sich da der Mensch, immer noch höher aufzusteigen?

> Ah, verfluchter Ehrgeiz! Deinen Lockungen verdanken wir all das Mißgeschick, das uns Sterblichen hienieden widerfährt. A. THIRKELL

2. KAPITEL

Sex und Gesellschaft oder Das Leben nach der Geburt

> «Meine Liebe, wir leben in einer Übergangszeit», sagte Adam, als er Eva aus dem Paradies führte. WILLIAM INGE

Das Peter-Prinzip erklärt, wie Männer und Frauen in etablierten Hierarchien die Leiter des Erfolges immer weiter hinaufklettern, bis sie ihre jeweilige Stufe der Unfähigkeit erreicht haben. Wo keine etablierte Hierarchie zur Verfügung steht, da errichtet sich der Mensch flugs eine und beginnt in ihr seinen Aufstieg. Nirgendwo wird das deutlicher als

im gesellschaftlichen und sexuellen Verhalten des Menschen.
Die meisten Hierarchien wurden von Männern errichtet. Die Kirche, die Wirtschaft, das Erziehungswesen, das Militär, kurz, alle großen Bereiche der Gesellschaft schufen sich ihre männliche hierarchische Struktur, lange ehe in ihnen Frauen überhaupt zugelassen waren.
Als dann schließlich auch Frauen in die bereits etablierten Hierarchien eintraten und in ihnen aufstiegen, wurden sie auf die gleiche Weise wie die Männer Opfer des hierarchischen Denkens. So entstand zum Beispiel dank der Erfindung der Schreibmaschine ein neuer Beruf für Frauen in der Geschäftswelt, der Beruf der Stenotypistin. Es dauerte nicht lange, da wurden einige dieser Frauen Sekretärinnen und Bürovorsteherinnen. Aber die Männer, die die Hierarchien errichteten, setzten auch den Mythos in die Welt, daß Frauen auf Grund ihrer Konstitution für die leitenden Spitzenpositionen schlecht gerüstet seien. Das so geschaffene Vorurteil hinderte manche Frauen daran, zu ihren Stufen der Unfähigkeit aufzusteigen, was wiederum dazu führte, daß lange Zeit Männer in leitenden Positionen ein Monopol auf stressbedingte Neurosen, Herzinfarkte, Magengeschwüre und auf Alkoholismus hatten. Heute, da die Frauen nach Chancengleichheit streben, fallen viele von ihnen den gleichen Stress-Krankheiten zum Opfer.

> Eine Frau muß zweimal so gut wie ein Mann sein, um es halb so weit zu bringen. FANNY HURST

Obwohl die sexuelle Revolution, die Frauenbefreiungsbewegung und in letzter Zeit auch das Fernsehen die Einstellung des Menschen zur Sexualität verändert haben, erscheint die Ehe vielen doch immer noch als mögliche Lebensform.

> Man heiratet die Person, die zur Hand ist, wenn man am anfälligsten ist. K. BERWICK

Wundern Sie sich darüber, daß so viele Ehepartner selbst finden, sie passen nicht zueinander? Ertappen Sie sich zuweilen dabei, daß Sie Ihren Ehepartner der Untreue verdächtigen? Machen Sie sich Gedanken über das widersprüchliche Verhalten Ihres Mannes, wenn er abends lange Überstunden macht bei einer Arbeit, die er angeblich verabscheut? Werden Sie ungeduldig und mißmutig, weil Sie nicht zu dem gesellschaftlichen Status des Ehepaars von nebenan aufsteigen?
Diese Fragen spielen Tag für Tag in Millionen Familien eine entscheidende Rolle. Hinter ihnen verbirgt sich eine im Eheleben ständig lauernde Fallgrube – die nur aus der Perspektive des Peter-Prinzips rational betrachtet werden kann.
Die logischen Folgen, die sich für die Ehe aus dem Peter-Prinzip ergeben, lassen sich in dem Satz zusammenfassen: «In jeder Ehe neigen

die Partner dazu, sich ihre eigenen Hierarchien zu schaffen und schließlich ihre sozialen und sexuellen Erwartungen zu Höhen hinaufzuschrauben, die zu erreichen ihre Möglichkeiten übersteigt.»

> Was die Liebe so lästig macht, ist der Umstand, daß sie ein Verbrechen ist, das man nicht ohne Komplicen begehen kann. CHARLES BAUDELAIRE

Haben Sie sich jemals gefragt, ob Aschenbrödel und ihr bezaubernder Prinz denn wirklich «so» glücklich lebten bis an ihr seliges Ende, wie das Märchen uns weismachen will? Eine weitaus wahrscheinlichere Version der Folge ihrer Eheschließung wäre die, daß sie kreuzunglücklich miteinander waren. Mit anderen Worten, das weiße Vöglein, das Aschenbrödel jeden Wunsch erfüllt hatte, war von einer Hexe* und nicht von einer guten Fee gesandt.
Dadurch, daß es Aschenbrödel zeitweilig aus Schmutz und Lumpen zu Glanz und Reichtum verhalf und den jungen Prinzen für sie gewann, stieß es das arme Kind in eine ihm fremde gesellschaftliche Umgebung. Der Prinz war, wie sich herausstellte, nichts anderes als ein typischer königlicher Playboy. Bald schon hatte er Aschenbrödels bäuerlich-gekünstelte Manieren satt und wandte sich von ihr ab, nachdem er seine Playboy-Instinkte befriedigt hatte. Zu ihrem Unglück hatte Aschenbrödel bei ihrer Hochzeit mit dem Königssohn das höfische Wesen und Benehmen nicht einfach als Morgengabe mit auf den Weg bekommen. Bald verlor sie die Gunst der königlichen Familie und der Freunde des Prinzen. Und je mehr sie ihres unhöfischen Benehmens wegen getadelt wurde, um so saurer machte ihr der Prinz das Leben. Ihre Ehe war zum Scheitern verurteilt. Aschenbrödel war von dem weißen Vöglein getäuscht worden. Sie hatte sich in einen steilen gesellschaftlichen Aufstieg eingelassen und über Nacht ihre Stufe der Unfähigkeit erreicht. Sie wäre glücklicher geworden, hätte sie einen hübschen jungen Holzknecht geheiratet und mit ihm, in ihrer gesellschaftlichen Umgebung, Erfüllung und Befriedigung gefunden.
Wir können den Schluß ziehen, daß ein Aufstieg auf der sozialen Leiter, ob willentlich oder unfreiwillig, in den Tagen der Königshöfe und des Rittertums ein Fluch war, aber die eheliche Hierarchie existiert noch heute.

> Die Braut am Hochzeitstag: eine Frau mit einer strahlenden Aussicht auf Glück hinter sich. AMBROSE G. BIERCE

* Möglicherweise von der bösen Stiefmutter.

Kathy Coed, eine blonde Sexbombe einfacher Herkunft, hatte ein Stipendium für Ausdruckstanz an dem angesehenen Status State College bekommen. Dort nutzte sie ihre Schönheit, um gesellschaftlich aufzusteigen. Sie wurde Vorsitzende einer College-Studentinnen-Verbindung. Sie flirtete mit Footballspielern von der College-Mannschaft, fand sie aber zu naiv nach den Maßstäben, die sie von ihren wohlhabenden Kommilitoninnen übernahm. Als sie schließlich S. Cholar kennenlernte, der dem angesehenen Akademikerbund Phi Beta Kappa angehörte und den College-Debattierklub leitete, verliebte sie sich auf der Stelle in ihn.

Aber als sie Mrs. Cholar wurde, mußte Kathy feststellen, daß ihr hübsches Aussehen nicht genug war für ihren so gar nicht naiven, geistig sehr anspruchsvollen Mann. Er nahm Anstoß an ihrem ständigen kindischen Gekicher und war ungehalten darüber, daß sie nichts anderes im Sinn hatte, als neue Kleider zu kaufen. Aber Kathy war nicht imstande, sich seinem unauffälligen Lebensstil anzupassen. Sie ließ sich in einen Flirt mit dem Klempner ein. Die Ehe ging rasch in die Brüche.

> Wenn Ehrgeiz dich nicht quält, dann hast du keinen.
>
> K. NORRIS

Alice Nobb besuchte das Status State College, weil ihre reichen Eltern hofften, sie werde sich dort unter den wohlhabenden Studenten einen Mann suchen. Alice fand, sie tue besser daran, B. Hefty für sich einzunehmen, einen 250 Pfund schweren Footballspieler, der Betriebswirtschaft studierte, um sich sein Leichtathletik-Stipendium zu erhalten. Alice stellte sich vor, Hefty könne es als Footballprofi zu Reichtum und gesellschaftlichem Rang bringen, bevor er sich ins Geschäftsleben zurückziehe. Noch während sie das College besuchten, heirateten die beiden.

Es ergab sich, daß der vielversprechende Hefty sich bei seinem letzten College-Spiel eine Verletzung zuzog. Bald darauf mußte er feststellen, daß keine Berufsmannschaft ihn haben wollte. Und die Firmen, die vorher um die Dienste des College-Helden gewetteifert hatten, benutzten jetzt seine schlechten Noten als Vorwand für ihr mangelndes Interesse an ihm.

Unnötig zu sagen, daß er es nicht zu dem Reichtum oder dem Status brachte, den Alice und ihre Eltern erhofft hatten. Sie sah sich an einen 250 Pfund schweren Gebrauchtwagenverkäufer gekettet, und sie machte ihm Vorwürfe, daß sie nicht in ihren Kreisen verkehren könne.

Ich selber habe beobachtet, wie junge Frauen zahllose erfinderische Mittel und Wege austüftelten, um Hierarchien zu schaffen und ihre ehelichen Ambitionen zu unerreichbaren Höhen hinaufzuschrauben.

Das Haus eines Mannes ist sein Schlachtfeld.

MRS. LAURENCE J. PETER

Mr. und Mrs. S. P. Oyl führten zehn Jahre lang ein in keiner Weise extravagantes, aber glückliches gemeinsames Leben. Sie wohnten in einem alten Mietshaus. Eines Tages erbte Mrs. Oyl von einer Tante in Frankreich mehrere wertvolle Ölgemälde. Um die Nachbarn zu beeindrucken, beschloß sie, die Bilder in ihrer Wohnung aufzuhängen. Bald stellte sie fest, daß die Bilder in der schlichten Umgebung deplaziert wirkten, und so kaufte sie einen Orientteppich, um sie besser zur Geltung zu bringen. Noch immer nicht recht zufrieden, gab sie die schmalen Ersparnisse der Familie für teure Möbel aus, um die Wirkung des Teppichs und der Gemälde zu erhöhen.
Ihre netten Nachbarn fühlten sich in der eleganten Wohnung nicht mehr wohl. Sie stießen sich an Mrs. Oyls Großspurigkeit und lehnten ihre Einladungen ab. Sie wiederum nahm es den Nachbarn persönlich übel, daß sie offenbar die schöneren Dinge des Lebens nicht zu schätzen wußten. Sie redete ihrem Mann ein, die Nachbarschaft sei zu kleinbürgerlich für kultivierte Leute wie sie, und so zogen sie in eine Penthouse-Wohnung in einem vornehmeren Viertel. Da Mr. Oyl jetzt Überstunden machen mußte, um das Geld für die hohe Miete zu verdienen, kam er oft erschöpft und schlecht gelaunt nach Hause. Mrs. Oyl sah in ihm plötzlich einen unkultivierten Banausen, der nicht in diese neue künstlerische Umgebung paßte. Sie ließ sich von ihm scheiden und heiratete einen, wie sie sagte, kultivierteren Mann.
Es dauerte nicht lange, da hatte Art E. Apex, ihr zweiter Mann, die ganze Hohlheit ihrer hochgestochenen Reden und ihres angeblichen Kunstverständnisses durchschaut. Er fing an, sie schlecht zu behandeln, genauso wie sie ihren früheren Mann behandelt hatte. Mrs. Apex war tief unglücklich. Sie hatte sich ihre eigene Hierarchie aufgebaut und war vom Glück zur Tragödie aufgestiegen.

Liebe ist etwas Ideelles, Heiraten etwas Reelles, und nie verwechselt man ungestraft das Ideelle mit dem Reellen.

JOHANN WOLFGANG VON GOETHE

Was haben diese Fälle gemeinsam? Wo begingen die Ehepaare einen Fehler? Sie alle versuchten, das Glück durch irgendeinen Aufstieg zu erlangen. Wären sie auf dem Boden der Tatsachen geblieben, auf den Stufen finanzieller, gesellschaftlicher und sexueller Kompetenz, hätten sie den Aufstieg zur Stufe der Unfähigkeit vermieden, dann hätten sie durch Stärkung ihrer sexuellen und geistigen Beziehungen Glück und Erfüllung finden können.
Vor der Entdeckung des Peter-Prinzips galt jeder Aufstieg als nützlich.

Das Anhäufen von Reichtum, Macht und gesellschaftlichem Prestige wurde als Tugend angesehen. Ein Mitglied der High Society zu werden war ein geachtetes Ziel. Eine Person von gesellschaftlichem Prestige als sexuellen oder ehelichen Partner zu gewinnen war eine lohnende Tat. Obwohl es in den Gerichten heutzutage wimmelt von Scheidungswilligen, die sich zu ehelicher Unfähigkeit emporgeschwungen haben, können nur wenige ihre gescheiterten Ehen mit denen Heinrichs VIII. von England vergleichen: immerhin mußten zwei seiner Frauen den höchsten Preis für ihren Aufstieg zu königlichen Würden zahlen.
Heutzutage enden nur einige wenige Ehen auf so drastische Weise. Ehen, die glanzvoll beginnen und tragisch enden, sind häufig ein Ergebnis des Beverly-Hillbilly-Komplexes: es handelt sich hier um den weitverbreiteten Hang von Männern und Frauen, Eingang in Gesellschaftskreise zu suchen, in die sie von Haus aus nicht passen und denen sie gesellschaftlich nicht gewachsen sind.
Glücklicherweise ist es durchaus möglich, die Stufe ehelicher Unfähigkeit nicht zu erklimmen. Liebe und Gemeinsamkeit in der Ehe sind Erfüllung – Ehrgeiz und Aufstieg eine Falle.

> Ehrgeiz ist eine Wollust, die nie erlischt,
> Die der Genuß nur noch wilder entflammt.
>
> THOMAS OTWAY

Otto Workman, ein fähiger Mechaniker bei der Autoreparaturwerkstatt G. Rhyme & Co., war zufrieden mit seinem Job, vor allem weil nur wenig Schreibarbeit dazu gehörte. Als ihm eine höher bezahlte Stellung in der Verwaltung der Firma angeboten wurde, war er zunächst geneigt, abzulehnen. Seine Frau Winnie, aktives Mitglied der Liga für Soziale Besserstellung der Frauen, drängte ihn jedoch, die Beförderung anzunehmen. Sie versprach sich davon einen gesellschaftlichen und wirtschaftlichen Aufstieg ihrer Familie. Sie selber wollte gern bei der Wahl der Präsidentin der Liga kandidieren, und außerdem konnten sie sich dann endlich einen neuen Wagen, neue Garderobe für sie und ein Mofa für ihren Sohn leisten.
Otto dagegen wollte seine Tätigkeit nicht gern gegen sture Büroarbeit tauschen. Aber schließlich gab er Winnies Drängeln und Nörgeln nach und nahm das Angebot an. Knapp ein halbes Jahr später hatte er ein Magengeschwür. Der Arzt riet ihm, mit dem Trinken aufzuhören. Winnie beschuldigte ihn, er habe ein Verhältnis mit seiner Sekretärin, und behauptete, das werde sie die Präsidentschaft der Liga kosten. Otto muß heute viele Überstunden auf eine ihn frustrierende Arbeit verwenden und ist jeden Abend, wenn er nach Hause kommt, gereizt. In der Ehe der Workmans löst eine Krise die andere ab.

Der Mensch hat sich sein Tollhaus geschaffen – laßt ihn darin schmoren. FREDERICK LEWIS ALLEN

A. Trueheart, ein tüchtiger Kollege Workmans bei G. Rhyme & Co., war ebenfalls für eine Beförderung in Betracht gezogen worden. Aber seine Frau Sally wußte, daß er an seiner augenblicklichen Arbeit hing und sich nicht gern die Überstunden und die Verantwortung eines Bürojobs aufhalsen wollte. Sie drängte ihn nicht ein einziges Mal, den ihm angebotenen Posten, der ihm nicht liegen würde, anzunehmen. Er blieb ein tüchtiger Mechaniker – und überließ die Magengeschwüre Workman.

Trueheart erhielt sich sein glückliches Temperament und war auch weiterhin ein beliebter Mann in seiner Nachbarschaft, wo er sich in seiner Freizeit als Leiter einer Jugendgruppe betätigte. Deshalb brachten auch fast alle Nachbarn ihre Wagen bei G. Rhyme & Co. zur Reparatur. Seine Arbeitgeber wußten, was sie an ihm hatten. Sie erhöhten seinen Lohn, schlossen mit ihm einen festen Anstellungsvertrag und gaben ihm alle im Rahmen der Steuerbestimmungen zulässigen Lohnzulagen. Auf diese Weise war Trueheart in der Lage, einen neuen Wagen für die ganze Familie, neue Garderobe für Sally und ein Fahrrad und einen Baseball-Fanghandschuh für seinen Sohn zu kaufen. Die Truehearts führen ein angenehmes und befriedigendes Leben. Sie werden von ihren Freunden und Nachbarn um ihre glückliche Ehe beneidet und genießen allgemein größeres Ansehen, als es Mrs. Workman sich je erhoffte.

Finde heraus, wo deine stärksten Wurzeln liegen, und verlange nicht nach anderen Welten.

HENRY DAVID THOREAU

Das männliche Mysterium

Seit der Automation und der elektronischen Revolution arbeiten die Männer nicht nur weniger Stunden als früher, sondern sind auch mehr mit Tätigkeiten beschäftigt, bei denen physisches Können sowie physische Kraft und Ausdauer von untergeordneter Bedeutung sind. Sie bekommen mehr Geld für weniger körperliche und in weniger Stunden als je zuvor geleistete Arbeit. Das ruft bei manchen Besorgnis und Frustration hervor. Sie fühlen sich schuldig und nicht recht wohl in ihrer Haut, weil dies genau das Gegenteil von dem ist, was man sie gelehrt hat. Sie wurden in dem Glauben erzogen, daß Selbstachtung nur bei harter, fleißiger und gewissenhafter Arbeit möglich ist. Die Automation steht in unmittelbarem Konflikt mit der puritanischen Ethik und läßt die Menschen ihre Selbstachtung verlieren.

Wer bessern will, macht oft das Gute schlimmer.

WILLIAM SHAKESPEARE

Das Ich des Mannes ist aber nicht nur durch die elektronische Revolution angeschlagen. Es wurde auch durch die Revolution der Kommunikationsmittel erschüttert und durch die Frauenbewegung hart bedrängt. Werbung und Fernsehen karikieren den Mann als unfähigen Trottel. Die Formel lautet: Frauen sind mehr auf Draht als Männer, Kinder pfiffiger als Frauen und Tiere pfiffiger als Kinder. Der unglückliche Mann, der seine Identität verloren hat und durch die Massenmedien lächerlich gemacht wird, sieht sich jetzt der Tatsache konfrontiert, daß Frauen in seine männlichen Reservate eindringen. Bei der Gegenwehr versucht er höflich zu sein. Aber seine Ritterlichkeit wird zurückgewiesen, und er wird ein chauvinistisches Schwein genannt. Er bemüht sich, sein männliches Selbstgefühl zu behaupten, aber seine romantischen Versuche brandmarken ihn als cinen sexbesessenen, die Frauen ausbeutenden Hund.

Warum bleiben in einer auf der Ehe basierenden Gesellschaft so viele Männer Junggesellen? Um auf diese Frage eine umfassende Antwort geben zu können, müssen wir den obenerwähnten Gründen ergänzend die Tatsache hinzufügen, daß die Frau früher reif wird als der Mann. Dieser Umstand macht das Problem, das richtige Mädchen zu finden, noch komplizierter. Es ist leicht, ein Mädchen aufzutreiben und sich zu verlieben, solange ein Mann jung ist. Der Drang ist stark, der Saft schäumt, und das Unterscheidungsvermögen ist noch nicht sehr entwickelt.

Das Mädchen, das leicht zu haben ist, kann schwer zu ertragen sein.

F. WISELY

Es gibt Männer, die sich nicht verlieben, und solche, die es ständig tun, aber nicht heiraten. Mit zunehmender Reife erreicht der Mann früher oder später das Alter der Besonnenheit. Das Blut gerät nicht mehr so leicht in Wallung, und die Vernunft gewinnt die Oberhand. Statt sich blindlings in die Ehe zu stürzen, erwägt er jetzt das Für und Wider. Von einer gewissen Altersstufe an erscheint ihm die Ehe weniger verlokkend. Das drängende sexuelle Verlangen nimmt ab. Er ist jetzt erfahren darin, seine Bedürfnisse auch ohne die Vorteile der Ehe zu befriedigen. Nach wie vor legt er Wert auf Sex, aber der Preis, den er dafür zu zahlen bereit ist, ist gefallen.

Ein Junggeselle wird nicht unbedingt einsamer mit zunehmendem Alter. Er lernt, mit sich selbst zu leben. Er befriedigt seine gesellschaftlichen Bedürfnisse. Seine Freunde können Angehörige des eigenen oder des anderen Geschlechts oder Menschen beiderlei Geschlechts sein. Vielleicht träumt er den Traum von dem ungewöhnlichen Mädchen,

das ihn so sehr reizen könnte, daß er all dies bereitwillig aufgeben würde, aber während er immer höhere Maßstäbe anlegt, sinkt die Qualität dessen, was er bekommen kann. Die Auswahl begehrenswerter möglicher Ehepartnerinnen wird von Tag zu Tag geringer. Je mehr seine Fähigkeit, eine vernünftige Wahl zu treffen, zunimmt, um so mehr nimmt die Zahl der für ihn in Frage kommenden Frauen ab.
Um seine Erfolgsaussichten abzuschätzen, blickt er auf seine verheirateten Freunde. Die meisten pirschen sich an Mädchen in den Büros heran oder schleichen sich mit verheirateten Frauen davon. Und aus der Tatsache, daß verheiratete Männer Geliebte haben oder Sex und Liebe außerhalb der Ehe suchen, zieht er für sich den Schluß, daß er seine Lage durch Heirat nicht verbessern würde. Ein Junggeselle ist ein Mann, der genau hinschaut, bevor er den Sprung riskiert – und dann springt er doch nicht.

> Junggesellen wissen mehr über Frauen als verheiratete Männer. Wäre dem nicht so, wären sie auch verheiratet. HENRY LOUIS MENCKEN

Der weibliche Wahn

Der Mensch hat sich bis zu seiner Stufe der Unfähigkeit emporgeschwungen und militärische, industrielle und gesellschaftliche Hierarchien errichtet, die möglicherweise den Fortschritt der Zivilisation zum Stillstand bringen oder sogar die Menschheit vernichten werden. Die Errichtung der Institutionen, die diesen unheilvollen Zustand herbeigeführt haben, ist hauptsächlich eine männliche Tätigkeit gewesen. Die leitenden Stellungen innerhalb dieser Hierarchien sind vorwiegend von Männern eingenommen worden. Obwohl die Männer, was völlige Lebensunfähigkeit betrifft, dominiert haben, so hätte das alles nicht ohne die Unterstützung ihrer Gehilfinnen geschehen können. Amerikanische Frauen besitzen zum Beispiel über 50 Prozent des Geldes im Land. Sie haben 65 Prozent der gesamten Sparkonten inne und haben die Kontrolle über 57 Prozent aller börsenfähigen Wertpapiere. Sie besitzen 75 Prozent aller Vorstadthäuser und verfügen über 87,5 Prozent der gesamten Kaufkraft.
Das Peter-Prinzip beschreibt die Beziehung von Ursache und Wirkung zwischen dem Aufstieg des Mannes in der Hierarchie und seiner Inkompetenz. Es spricht ihm nicht das Recht ab, inkompetent zu werden. Ebenso ungerecht wäre es, den Frauen das Recht abzusprechen, Opfer des Peter-Prinzips zu werden.

> Keiner Person sollten gleiche Rechte wegen der Art ihrer Haut verweigert werden. P. PAULSEN

Die Durchsetzung der Chancengleichheit für beide Geschlechter könnte dazu führen, daß die Frauen gleichermaßen unfähig werden wie die Männer. Wenn die Mitglieder der Frauenbefreiungsbewegungen ihren Anteil an allen Arbeiten übernehmen, werden sie vielleicht manche Männer von ihren bisher ausschließlich dem männlichen Geschlecht vergönnten Tätigkeiten befreien, so zum Beispiel Grubenarbeiter, Tunnelbauer, Schauerleute, Schwergewichtsboxer, Kanalarbeiter und Wehrdienstpflichtige. Doch wird das nur bedeuten, daß noch mehr Männer und Frauen zur Verfügung stehen, um noch höhere Stufen der Unfähigkeit zu erreichen und den Frieden und die Sicherheit der Welt noch mehr zu gefährden.
Wenn Frauen-Befreierinnen in Zukunft danach streben, Bankpräsidentinnen zu werden, wenn sie sich als politische Spitzenfunktionärinnen oder weibliche Industriekapitäne versuchen oder zu Marineadmiralinnen, Heeresgeneralinnen und Luftwaffenkommandeusen aufsteigen, dann werden sie unweigerlich einen entscheidenden Beitrag zur völligen Lebensunfähigkeit der zivilisierten Gesellschaft leisten.

> Amerika ist das einzige Matriarchat, wo Frauen um Gleichberechtigung kämpfen.
> A. ROTH

Soll die befreite Frau Gleichheit mit dem unfähigen männlichen Amtsinhaber anstreben und sich auf einen Kampf der Geschlechter in der Tretmühle der dem Vergessen preisgegebenen Routinearbeit einlassen, oder sollte sie nicht vielmehr das Peter-Programm akzeptieren und die Führung in einer Bewegung übernehmen, die sich dem Kampf für eine bessere Welt verschreibt? Sollte sie es nicht wagen, fähig und kompetent genug zu sein, um den hierarchischen Kampf ein für allemal aufzugeben und neue Wege zu weisen zu einer Verbesserung der Lebensqualität in einem saubereren, friedlicheren und schöneren Land?

> Die Welt des Mannes ist ein einziges Schlamassel, und trotzdem sind die Frauen ganz versessen darauf, in sie hineinzugelangen und darin Ordnung zu schaffen.
> E. JANEWAY

3. KAPITEL

Hierarchische Regression oder Achtung, Ihre Leiter rutscht

> Unser Zeitalter ist stolz auf Maschinen, die denken, und mißtrauisch gegen Menschen, die es versuchen.
>
> H. MUMFORD JONES

Als ich das erste Mal über das Peter-Prinzip schrieb, nahm ich an, es lasse sich auf alle oder zumindest die meisten Berufssparten anwenden, aber ich war mir dessen nicht ganz sicher. Ich konnte unmöglich alle Organisationen der Welt untersuchen, aber diejenigen, die ich erforschte, bestätigten das Peter-Prinzip.

> Rate dreimal nacheinander auf gut Glück das Richtige, und du wirst dir den Ruf eines Fachmanns erwerben.
>
> LAURENCE J. PETER

Kurz nach dem Erscheinen meiner ersten Artikel über das Peter-Prinzip wurde ich eingeladen, vor dem Lehrkörper und den graduierten Studenten des Instituts für Betriebswirtschaftslehre an einer größeren Universität einen Vortrag zu halten. Meine erste Reaktion war Erstaunen. Warum wollten diese Verwaltungsfachleute einen Vortrag von mir hören? Ich drückte dem Dekan gegenüber meine Verwunderung aus, doch wurde mir versichert, der Studienprogrammausschuß habe ausdrücklich um einen Vortrag von mir gebeten. Zwei Tage später erschien eine Delegation von vier graduierten Studenten in meinem Büro zu einem Interview. Bei der darauffolgenden kurzen Unterhaltung kam ich zu der Überzeugung, daß der Dekan meine Artikel über das Peter-Prinzip nicht gelesen haben konnte und sich, hätte er sie gelesen, gegen mein Erscheinen zur Wehr gesetzt haben würde. Die Studenten betonten, der Dekan sei ein typisches Beispiel für den Horatio-Alger-Komplex. Drei Wände seines Büros seien mit Losungen wie VORWÄRTS UND AUFWÄRTS, WER ZAUDERT IST VERLOREN und WO EIN WILLE IST, DA IST AUCH EIN WEG dekoriert.

Ich erschien zur verabredeten Zeit in dem Betriebswirtschaftsgebäude und machte mich auf die Suche nach dem mir zugewiesenen Hörsaal. In der Halle befand sich kein Lageplan, und so begann ich, die Flure und Seitengänge zu erkunden. Die Raumnummern gaben keinen Anhalt, sie schienen aufs Geratewohl verteilt. An einem Schwarzen Brett entdeckte ich zwischen einem Wust von Informationen, die bis zur Einweihung des Gebäudes zurückdatierten, drei Ankündigungen, die meinen Vortrag betrafen. Die eine gab Hörsaal 5, eine andere Hörsaal 25 und die dritte einen Hörsaal in einem ganz anderen Gebäude als Vortragsraum an. Während ich ratlos vor dem Schwarzen Brett stand und über die widersprüchlichen Informationen und das absonderliche Raumnumerierungsverfahren nachsann, entdeckte ich plötzlich neben mir vor dem Schwarzen Brett einen weiteren Ratlosen. Auch er wollte zu dem Vortrag über das Peter-Prinzip. Wir machten uns zusammen auf den Weg, um die Suche fortzusetzen. Unterwegs schlossen sich uns weitere Vortragsbesucher an. Wir begegneten anderen Suchenden, die in verschiedene Richtungen strebten und erklärten, der Vortrag fände im Seminarraum, im Auditorium, im Klubraum der Studenten statt. Mehrere Dozenten der Fakultät, jeder mit einer Studentengruppe im Schlepptau, zogen suchend von Raum zu Raum. Man redete mir freundlich zu, ich solle mich nicht beunruhigen, solche Pannen kämen ziemlich häufig vor. Keine Gruppe war groß genug und verweilte lange genug in einem Raum, daß ich mit meinem Vortrag hätte beginnen können.

War das Institut für Betriebswirtschaftslehre reiner Ausdruck des Peter-Prinzips? Hatten diese Verwaltungsfachleute ihre Stufe der administrativen Unfähigkeit erreicht? Wie konnten sie Studenten in der Kunst der Verwaltung unterrichten, wenn sie ihre Hochschule nicht zu verwalten imstande waren? Immer neue Fragen gingen mir durch den Kopf. Hatte der Ausschuß den Dekan unterschätzt? Hatte er *Das Peter-Prinzip* gelesen? Hatte er Schöpferische Unfähigkeit praktiziert, um mich am Reden zu hindern?

> Die Universität bringt alle Fähigkeiten, einschließlich der Unfähigkeit, hervor. ANTON TSCHECHOW

In den darauffolgenden Monaten nahm ich viele Einladungen, Vorträge zu halten, an und sprach vor großen Gruppen von Fachleuten. Das Informationsmaterial zur Jahresversammlung einer Vereinigung von Industrietechnikern, das mir zugeschickt wurde, enthielt zwar eine ausführliche Geschichte der Organisation, unterrichtete aber nicht darüber, wo die Versammlung stattfinden sollte. In dem Prospekt, mit dem zu einer Tagung für Managementberater eingeladen wurde, stand zwar, daß die Tagung um 14 Uhr beginnen solle, doch hatte man versäumt, das Datum anzugeben. *Timing* war das Thema eines internationalen Seminars für System-Analytiker. Mein Vortrag war auf 15 Uhr angesetzt, und die Tagung sollte um 16 Uhr enden. Alle Vortragenden hoben die Wichtigkeit genauer Zeitpläne hervor, und jeder sprach weit über die für ihn vorgesehene Redezeit hinaus. Ich wurde schließlich um 16 Uhr 25 vorgestellt. Obwohl ich Fachleuten in die Hände geraten war, gab es keine Möglichkeit, wie ich meinen Vortrag um 16 Uhr an diesem Tag beenden konnte. Bei anderen Tagungen hörte ich mir dumme, langweilige Reden über das Thema «Motivation» und Vorträge über die Wirkungslosigkeit von Vorträgen an.

MURPHYS GESETZ:
1. Nichts ist so leicht, wie es aussieht.
2. Alles braucht länger, als man glaubt.
3. Wenn etwas schiefgehen kann, geht es auch schief.

Diese Erfahrungen, vermehrt durch Unterredungen mit den verschiedensten Unternehmensberatern, erbrachten einen überwältigenden Beweis dafür, daß Unternehmensberater, auch wenn viele von ihnen durchaus kompetent sind, zu einem hohen Prozentsatz Opfer des Peter-Prinzips werden. Diese Fachleute hatten ihren beruflichen Status durch Eskalation erlangt – auf dem gleichen Wege also, den ihre Klienten gegangen waren, als sie die Unfähigkeit erreichten, von der die Fachleute sie kurieren sollten.

Ein Fachmann ist einer, der immer mehr über immer weniger weiß. NICHOLAS M. BUTLER

Meine Untersuchungen brachten ans Licht, daß so mancher fähige Managementexperte sich über die Unfähigkeit vieler Berater im klaren war. Obwohl sie das Problem erkannten, fehlte es ihrem Rat jedoch ein wenig an Logik. Sie rieten, der Manager, der einen Fachmann brauche, solle Qualifikationen und Kompetenz des Beraters kritisch prüfen, bevor er ihn engagiere. Ein Manager, der in einem bestimmten Bereich seines Unternehmens Probleme hat, dürfte am wenigstens dafür qualifiziert sein, die Kompetenz eines Fachmanns für eben diesen Bereich zu beurteilen.

Managementberater sind die Ärzte der Geschäftswelt. Sie werden gerufen, um Verwaltungsprobleme zu lösen, verkümmerte Unternehmen neu zu beleben, Betriebe zu rationalisieren und die effektive Leistung zu maximieren. Managementberater werden im allgemeinen aus Akademiker- und Fachkreisen rekrutiert, und in den meisten Fällen gilt es als Aufstieg, Unternehmensberater zu werden. Der Umfang der von solchen Beratern offerierten Sachkenntnisse nimmt rapide zu. Von einer Handvoll von Rationalisierungsfachleuten ist die Beraterbranche in den Vereinigten Staaten auf eine Milliarden-Dollar-Industrie mit über 2700 Firmen angewachsen. Die Berater nennen sich heute Gewerbetechniker, System-Analytiker, beratende Managementtechniker und so fort.

> An den meisten Universitäten gibt es Lehrkörper, die, besonders im Bereich der Betriebswirtschaft und der wissenschaftlichen Technologien, durch nebenberufliche Beratertätigkeiten mehr verdienen, als sie an Gehalt für die Ausübung ihres Berufs beziehen. H. HIGDON

Die wilde Eskalation der Anzahl von Beratern bietet keine Garantie für Kompetenz. Und der Versuch, Kompetenz durch Eskalation der Beratung herbeizuführen, verspricht nicht mehr Erfolg als jede andere Form der Eskalation.

> Selbst wenn alle Fachleute einer Meinung sind, können sie sehr wohl im Irrtum sein. BERTRAND RUSSELL

Peter Route, ein produktiver, ideenreicher Mann in der Planungsabteilung einer Firma für Verkaufs- und Kundenwerbung, wurde zum Leiter der Abteilung für Werbekampagnen ernannt.
In seiner neuen Stellung bringt er zwar immer noch in einem erstaunlichen Ausmaß Ideen hervor, aber leider fehlt ihm die Geduld, die Arbeit seiner schwunglosen Mitarbeiter zu koordinieren, zu überwachen und kritisch zu prüfen. Peter Route verblüfft alle Welt mit seiner Intelligenz und seiner Brillanz, aber seine Begeisterung für das einzelne Projekt ist kurzlebig. Das Ergebnis seiner Beförderung ist eine eindeutige Leistungsminderung.

> Unentschlossenheit gegenüber den Lebenszielen, die sich uns zur Wahl stellen, und Unbeständigkeit bei ihrer Verfolgung sind die Hauptursachen unseres ganzen Unglücks. JOSEPH ADDISON

Bei der Super Sonic Zeppelin Corporation kam man zu dem Schluß, daß zwei Angestellte, Hans Zup und Gustav Wind, den reibungslosen Arbeitsablauf behinderten.
Solange Hans Zup Werkinspektor gewesen war, hatte seine liebenswürdige, unbekümmerte Art zu einem guten Verhältnis zu den Mitarbeitern beigetragen. Doch als er zum Werkleiter befördert wurde, gab er nach wie vor jedem nach. Man merkte, daß Hans Zup durch eine echte Beförderung die Stufe seiner Unfähigkeit erreicht hatte. So wurde beschlossen, ihm eine Pseudo-Beförderung zuteil werden zu lassen – ihn mit einem sanften Tritt die Treppe hinaufzustoßen. Um diese geräuschlose Sublimierung zu bewerkstelligen, schuf man einen neuen Posten, den eines für den Geschäftsbericht und die Firmengeschichte zuständigen Vizepräsidenten. In der aktiven Hierarchie wurde Hans Zup durch einen kompetenten Werkleiter ersetzt, und der normale Zustand konnte wiederhergestellt werden.

Bei Gustav Wind ging es darum, daß man befürchtete, seine aggressive Art Regierungsbeamten gegenüber könne gewisse negative Auswirkungen haben. Die Super Sonic Zeppelin Corporation war zu jener Zeit auf Unterstützungen von seiten der Regierung angewiesen, da sie sich anders nicht über Wasser halten konnte. Durch eine Pseudo-Beförderung entfernte man Gustav Wind aus der aktiven Hierarchie. Man ernannte ihn zum stellvertretenden zweiten Mitvorsitzenden des Ausschusses für innerbetriebliche Neuerungen.

> Ein Ausschuß ist eine Gruppe Unvorbereiteter, die von den Unwilligen ernannt werden, damit sie das Unnötige tun.
> FREDERICK L. ALLEN

Die Wirksamkeit einer Hierarchie wird durch jeden einzelnen, der seine Stufe der Unfähigkeit erreicht hat, nachteilig beeinflußt. Gelegentlich wird diese Situation dadurch beseitigt, daß man den Inhaber des Postens entläßt oder durch Pseudo-Beförderung kaltstellt. Geschieht dies rechtzeitig, dann kann die Hierarchie sich wieder erholen und braucht keinen dauernden Schaden davonzutragen.

> Irren ist menschlich, und ebenso ist es der Versuch, sich um die Berichtigung des Irrtums zu drücken. R. REYCRAFT

Die Wirksamkeit einer Hierarchie oder jedes Amtes innerhalb einer Hierarchie hängt von Geschicklichkeit und Ruf ab. Geschicklichkeit ist die tatsächliche Fähigkeit, die gesteckten Ziele zu erreichen. Ruf ist die Beziehung zur Öffentlichkeit. Die gegenseitige Beziehung von Geschicklichkeit und gutem Ruf erzeugt den tatsächlichen Status der Hierarchie.

> Wenn du der Bedeutung deines Postens Respekt erweist, wird er auch dir Respekt verleihen. L. D. TURNER

Vor langen Jahren absolvierten viele Studenten das Excelsior City College, um anschließend fähige Angestellte in den Büros der Excelsior-Matratzen-Fabrik zu werden. Die Firma hielt große Stücke auf das College, und bei Neueinstellungen wie bei Beförderungen wurden Absolventen des Excelsior College bevorzugt berücksichtigt.

In jenen einfacheren Zeiten war das Schulsystem am Excelsior College eine stabile Hierarchie – ein Musterbeispiel für das Peter-Prinzip. Die Schüler büffelten und wurden von Klasse zu Klasse versetzt. Jeder Schüler wurde gefördert, bis er seine Stufe der Unfähigkeit erreicht hatte. Dann hieß es, er sei sitzengeblieben. Er konnte entweder das Schuljahr wiederholen oder, wenn er volljährig war, vom College abgehen und sich eine seinen Fähigkeiten entsprechende Anstellung suchen. Das war der Gang der Dinge in den Zeiten, als Lehrer die

Verantwortung für die Schulen trugen.
Die Akademisierung der Lehrerbildung und die Eskalation innerhalb der Pädagogik führten dazu, daß Erziehungswissenschaftler Macht über die Schulen gewannen. Bis dahin war man davon ausgegangen, daß ein Lehrer jemand war, der diejenigen, die nicht gut erklären konnten, was sie sagen wollten, verstand und denen, die nicht leicht verstanden, die Dinge erklären konnte. Der Erziehungswissenschaftler heutzutage ist jemand, der ein einfaches Thema kompliziert machen kann.
Als die Erziehungswissenschaftler in den Schulen an die Macht gelangten, redeten sie den Lehrern ein, daß die Art, wie sie die Schüler förderten, psychologisch verkehrt sei. Sie bevorzugten statt dessen eine Methode, die sie soziale Förderung nannten und nach der sowohl die fähigen wie die unfähigen Schüler gefördert wurden. Die Anforderungen wurden gesenkt, an den Universitäten mußten Wiederholungskurse eingeführt werden, und «Beverly Hillbillies» wurden zu einem hoch im Kurs stehenden Fernsehprogramm.

> Ein Fachmann ist ein Mann, der aufgehört hat zu denken – er weiß. FRANK LLOYD WRIGHT

Das Status-Konto

Die Landung auf dem Mond war ein Triumph der amerikanischen Technologie, doch auf amerikanischem Boden scheint nichts mehr richtig zu klappen. Jeder kann aus eigener Erfahrung Dutzende von Beispielen für die verschiedensten Formen der Unfähigkeit aufzählen: mangelhafte Waren, Nachlässigkeit des Verkaufs- und Bedienungspersonals, stümperhafte Arbeit von Bürokraten, fehlerhafte Arbeit von Computern, Trägheit der eigenen Mitarbeiter, Unentschlossenheit der Vorgesetzten. Von der Wiege bis zum Grabe ist man von Unfähigkeit umgeben, geplagt und verfolgt.

> Nichts hassen Leute, die im Dienst der Öffentlichkeit stehen, so sehr, wie der Öffentlichkeit zu dienen.
> K. HUBBARD

Jede neue Hierarchie bringt zunächst ein beachtliches Maß an Fähigkeit hervor, entwickelt sich dann aber mit der Zeit zu einer untauglichen Bürokratie. Jede hat ihre große Zeit, ehe sie in dynamische Inaktivität verfällt. Post, Eisenbahn, Luftverkehrsgesellschaften, Gas- und Elektrizitäts-Einrichtungen – sie alle waren leuchtende Beispiele der Leistungsfähigkeit, bevor bei ihnen die *hierarchische Regression* einsetzte.

> Der technologische Fortschritt hat uns lediglich mit wirksameren Mitteln zum Rückschritt versehen.
> ALDOUS HUXLEY

Jeder Posten innerhalb einer Hierarchie hat ein Status-Konto. Der Kontostand schwankt – er hängt davon ab, wieviel derjenige, der den Posten innehat, «einzahlt» oder «abhebt». In einer neuen Hierarchie haben schnelle Expansion, allgemeine Frische und Kreativität einen hohen Fähigkeitsgrad zur Folge. Beweglichkeit erlaubt es, Begabung dort einzusetzen, wo sie benötigt wird. In dieser Phase wächst der Status jedes mit einem fähigen Mitarbeiter besetzten Postens im Verhältnis zu den von diesem Mitarbeiter eingebrachten Fähigkeiten. Erweisen sich auch die Amtsnachfolger als kompetent, so wird das den Status des Postens erhöhen. Wenn die Mehrzahl der Posten innerhalb einer Hierarchie einen «gesunden Status-Kontostand» aufweist, erhöht das den Status der gesamten Hierarchie. So war es bei unseren großen Institutionen in den Anfängen ihrer Entwicklung.
Mit dem «Heranreifen» der Hierarchien wurde die Auswirkung des Peter-Prinzips offenbar. Bürokratische Verseuchung schränkte die Leistung fähiger einzelner ein, während sie die Unfähigkeit derjenigen, die ihre Endplazierung erreicht hatten, bemäntelte. Jeder Unfähige hob von dem Status-Konto des Postens, den er innehatte, immer mehr ab. Eine ganze Folge von Unfähigen erschöpfte schließlich das Status-Konto. So kam es mit der Zeit zu einer Regression der Hierarchien.

> Wenn jedermann jemand ist, dann ist niemand wer.
>
> WILLIAM GILBERT

Unglücklicherweise leben wir in einer Zeit, in der viele unserer großen Institutionen an einer hierarchischen Regression kranken und der Status von Regierungen, Kirchen, Erziehungswesen, Militär, Handel und Industrie dem Verfall ausgesetzt ist.

> Ich glaube nicht an die kollektive Weisheit individueller Unwissenheit.
>
> THOMAS CARLYLE

Auf Grund der raschen Veränderungen muß der einzelne heutzutage oft mitten in seiner Laufbahn feststellen, daß die Hierarchie ihn überholt. Oder anders ausgedrückt: er ist die Leiter ein Stück emporgeklettert, fühlt sich kompetent, hält rastend inne – aber die rasche technologische Veränderung nimmt weiter ihren Lauf. Er nimmt sich vor, aufzuholen, aber bei dem Versuch, es zu tun, merkt er, daß er technologisch nicht mehr auf dem laufenden ist. Durch den vorübergehenden Stillstand ist er seinem Posten und seiner Aufgabe nicht mehr gewachsen.

> Unser Zeitalter der Angst ist zu einem großen Teil Ergebnis des Versuchs, Aufgaben von heute mit Werkzeugen von gestern – mit Vorstellungen von gestern – zu bewältigen.
>
> MARSHALL MCLUHAN

Ein gemeinsames Problem in beruflichen, gesellschaftlichen, schulischen und anderen Hierarchien besteht darin, daß der einzelne nicht mehr weiß, wo er steht. Gewiß, er kennt seinen nominellen Rang – er ist Postversandhelfer in einem Wirtschaftsunternehmen, Kassenwart eines Vereins, Student im achten Semester oder Referendar –, aber das ist nur sein *scheinbarer hierarchischer Status.* Sein *wirklicher hierarchischer Status* entspricht dem Stand seines Status-Kontos, der von seiner Geschicklichkeit und dem Ansehen seiner Stellung abhängt.
In einer altmodischen patriarchalischen Hierarchie, wo der Chef jeden seiner Angestellten und jeder Angestellte seinen Chef kannte, ließ sich leicht herausfinden, wo man stand. Der Chef lächelte Herrn A., der seine Maschine bediente, freundlich zu, er blieb stehen, um mit Fräulein B., die im Empfang tätig war, ein paar Worte zu wechseln, er warf Herrn C., dem Wartungsmonteur, einen mürrischen Blick zu, er aß mit Herrn D., dem Leiter der Buchhaltung, gelegentlich zu Mittag, und er lud den Vertriebsleiter, Herrn E., zu sich nach Hause zum Abendessen ein. Jeder Angestellte konnte nach der Art, wie der Chef sich ihm gegenüber verhielt, seine wirkliche Position abschätzen.
In der altmodischen Schule wußte jeder Schüler, der eine Prüfung geschafft hatte oder versetzt wurde, daß er sich als fähig erwiesen hatte: sein sichtbarer hierarchischer Status und sein wirklicher hierarchischer Status waren identisch. Das ist heutzutage nicht mehr der Fall. Die Tendenz, niedrigere Ansprüche zu stellen, hat die Bedeutung von Prüfungen und Examen herabgemindert. Sichtbarer hierarchischer Status und wirklicher hierarchischer Status sind nicht mehr ein und dasselbe. Viele Schüler befinden sich auf ihrer Stufe der Unfähigkeit, ohne es zu wissen.
Darin liegt die Hauptgefahr: daß man nicht weiß, wo man steht. Sofern man seine wirkliche Position nicht kennt, kann man ein *unwissentlich Unfähiger* sein. Als unwissentlich Unfähiger weiß man nicht, ob die Unfähigkeit in einem selbst, in anderen oder in dem System liegt.
Unwissentliche Unfähigkeit hat eine ernste nachteilige Wirkung auf die Hierarchie. Der unwissentlich Unfähige kann seine Funktion nicht erfüllen. Er hebt einen entscheidenden Betrag vom Status-Konto ab und bürdet seinen fähigen Kollegen eine zusätzliche Last auf. Steht er hoch genug in der Hierarchie, wird er unter Umständen Bestandteil des rasch zunehmenden «toten Holzes» in der obersten Leitung. Die Taten eines an unwissentlicher Unfähigkeit leidenden führenden Mannes können die ganze Organisation so durcheinanderbringen, daß selbst normalerweise fähige Untergebene zeitweilig unfähig werden. Der unwissentlich Unfähige, der seine Endplazierung erreicht hat, kann einen Untergebenen bis zur Handlungsunfähigkeit verwirren. Ein solcher *Unfähigkeits-Niederschlag* tritt ein, wenn der qualifizierte Unterge-

ordnete entweder durch Frustration gelähmt wird oder sich bewußt in schöpferische Unfähigkeit flüchtet, weil er die Vergeblichkeit seiner Bemühungen, unter einem unwissentlich Unfähigen gute Arbeit zu leisten, erkannt hat.
Die Wirkung unwissentlicher Unfähigkeit auf den, der von ihr befallen ist, währt etwa so lange, wie er in seliger Unwissenheit verharrt. Kommt er jedoch tatsächlich dahinter, überfallen ihn Gefühle der Bestürzung und des Entsetzens, deren Intensität der Zeitspanne entspricht, die verstrichen ist, seit er seine Endplazierung erreichte.

JENKINSONS GESETZ: Es funktioniert nicht.

Zum Beispiel erreichte Ardleigh Abel seine Stufe der Unfähigkeit, als er den Posten des für die Öffentlichkeitsarbeit verantwortlichen zweiten Direktors am Planetarium von Excelsior erhielt. Abels erste Tat bestand darin, daß er zu einer Spendenaktion aufrief und die Bürger drängte, das Planetarium zu unterstützen, weil die von der Schwerindustrie verursachte Dunstglocke über Excelsior City die Bürger tagsüber des Anblicks der Sonne und nachts des Sternenhimmels beraube. Die Eisenwerke, die Ölgesellschaft und die Keramik-Fabrik von Excelsior strichen unverzüglich ihre jährlichen Dotationen. Als auch andere größere Spender dem Planetarium die weitere Unterstützung versagten, erkannte Abel allmählich seine Position. Seine Panik äußerte sich darin, daß er plötzlich paranoid um die Sicherheit seiner Akten und zwangsneurotisch um Sauberkeit und Ordnung auf seinem Schreibtisch besorgt war – beides Symptome des Endplazierungs-Syndroms.

Nur ein mittelmäßiger Mensch ist immer in seiner besten Verfassung. SOMERSET MAUGHAM

Wir haben gesehen, daß der Status der totalen Hierarchie schwanken kann und daß immer eine Tendenz zu hierarchischer Regression besteht. Ebenso haben wir gesehen, daß sich der einzelne seines wirklichen hierarchischen Status oft nicht bewußt ist und sogar ein unwissentlich Unfähiger sein kann. Diese Faktoren tragen zu einer Art der Veränderung bei, die man nicht gerade als Fortschritt bezeichnen kann. *Fortschritt bedeutet immer Veränderung, aber Veränderung bedeutet nicht immer Fortschritt.* Je besser das Benzin, um so rüder das Verhalten am Steuer. Der Mensch fliegt sicher zum Mond, aber die Straße überquert er unter Lebensgefahr.

Zivilisation ist eine grenzenlose Multiplikation unnötiger Notwendigkeiten. MARK TWAIN

Computerisierte Inkompetenz

Charles Babbage*, ein englischer Mathematiker des 19. Jahrhunderts, war der geniale Konstrukteur, der den Geschwindigkeitsmesser und den Cowcatcher (den fächerförmigen Bahnräumer an der Lokomotive) erfand. Er schrieb einst an Lord Tennyson:

> Sir, in Ihrem sonst schönen Gedicht «Das Gesicht der Sünde» kommt ein Vers vor, der lautet:
> *Jeden Augenblick stirbt ein Mensch,*
> *Jeden Augenblick wird einer geboren.*
> Es dürfte offenbar sein, daß, wenn dies zuträfe, die Bevölkerung der Welt sich in einem Stillstand befände. In Wahrheit liegt die Geburtenrate ein wenig höher als die Sterberate. Ich möchte also vorschlagen, daß Sie bei der nächsten Veröffentlichung Ihres Gedichtes die fraglichen Zeilen folgendermaßen lauten lassen:
> *Jeden Augenblick stirbt ein Mensch,*
> *Jeden Augenblick werden 1 1/16 geboren ...*
> Ich bin, Sir, Ihr sehr ergebener etc.

Nimmt es noch wunder, daß dieser Mann der Vater des schnellen digitalen Rechenautomaten ist? Die letzten vier Jahrzehnte seines Lebens widmete er einem monumentalen Versuch, eine «Analytische Maschine» zu konstruieren, die jede einzelne arithmetische Operation vollzog – ohne jede menschliche Anleitung, außer daß man sie mit Instruktionen fütterte und sie einschaltete.

Die analytische Maschine war phantastisch differenziert, trotz der Plumpheit ihres Getriebes, ihrer Hebel und Kurbeln. Wie moderne Rechenanlagen bestand sie aus vier untereinander verbundenen Elementen – Speicher, Rechenwerk, Leitwerk und Ein- und Ausgabewerk. Das mechanische Monstrum wurde mit Lochstreifen programmiert.

Zum Unglück für Babbage war das, was er brauchte, um seinen Computer verwendbar zu machen, die Vakuumröhre, die erst 1906 erfunden wurde. Im Zusammenhang mit dem Zweiten Weltkrieg verfolgte Projekte stimulierten das Interesse der Ingenieure, unter Verwendung der Vakuumröhre einen Computer zu entwickeln, der riesige rechnerische Aufgaben mit beispielloser Schnelligkeit bewältigte. Miniaturisierung durch Ausrüstung mit Transistoren versetzte den Computer in die Lage, unglaubliche Datenmengen auf Magnetband und kleinen Magnetplatten zu speichern.

* Kein fiktiver Name.

PUDDERS GESETZ:
Was gut beginnt, das endet schlecht.

Computer sind für Unfähigkeit anfällig, ungeachtet der Tatsache, daß sie von sich aus nur selten Fehler machen. Die Computer sind hilflos abhängig von der Zuverlässigkeit der Informationen und Instruktionen, mit denen sie gefüttert werden. Der Mann, der den Lochkartenstanzer bedient, kann einen Fehler machen, und schon kommt eine riesige Telefonrechnung, zehnmal so hoch wie üblich, für den Monat Juli, als man im Urlaub war. Bedauerlicherweise kann der Computer nicht wissen, daß der Mann am Lochkartenstanzer geschlafen hat oder daß man im Urlaub war.

> Computer sind phantastisch: in wenigen Minuten können sie einen so großen Fehler produzieren, wie ihn selbst viele Menschen nur in vielen Monaten machen könnten.
>
> M. MEACHAM

Es kommt vor, daß Computer wie Angestellte befördert werden und statt Arbeiten, die sie gut verrichten, Aufgaben zugewiesen bekommen, für die sie ungeeignet sind. Die Speicherfähigkeit und das blitzschnelle «Schalten» des Computers überfordern die begrenzte Menge stichhaltiger Daten, die dem Menschen zur Verfügung stehen. Die Qualität des Datenmaterials verschlechtert sich und führt zu dem bekannten *MRMR-Phänomen* (Müll rein – Müll raus).

> Computer können alle nur denkbaren Aufgaben lösen, ausgenommen die Dinge in dieser Welt, die nun einmal nicht aufgehen.
>
> J. MAGARY

Da die Fähigkeit des Computers unsere Fähigkeit, ihn vernünftig zu nutzen, weit hinter sich gelassen hat, schaffen Bürokraten sinnlose Arbeit für ihn, indem sie Methoden austüfteln, um große Mengen belangloser Informationen zu sammeln.

> Siehe da! Die Menschen sind die Werkzeuge ihrer Werkzeuge geworden.
>
> HENRY DAVID THOREAU

Der Mensch bildet sich ein, er habe eine Maschine nach seinem Ebenbild entworfen. Er wiegt sich in dem Glauben, der Prototyp sei sein eigenes Gehirn, und vergißt darüber, daß sein Gehirn nicht aus genau abgegrenzten Schaltkreisen und Transistoren zusammengesetzt ist. Er bedenkt nicht, daß sein Gehirn ein feuchter Computer ist, in dem dynamische chemische Kräfte jede Funktion beeinflussen. Seine Gehirntätigkeit kann angeregt werden durch äußerliche Reize wie ein hübsches Mädchen oder einen schönen Sonnenuntergang, oder durch innere Stimuli wie einen humanen Impuls oder stille Kontemplation.

> Das Gehirn taugt für einen Schriftsteller mehr als ein Computer. NORBERT WIENER

In früheren Zeiten mußte der Mensch Bäume fällen, Holz hacken und Feuer machen, um im Winter sein Haus zu wärmen. Er mußte das Pferd anschirren und sich auf den Kutschbock setzen, um in die Stadt zu fahren. Er mußte die Kuh melken, um Milch für seine Familie zu haben. Aber zumindest hatte er ein gewisses Maß an Kontrolle über diese Funktionen und die Befriedigung zu wissen, daß alle diese Verfahren funktionierten. Heute hat er nur noch wenige solcher Befriedigungen – er wird ständig gedemütigt durch seine hilflose Abhängigkeit von komplizierter Technologie.
Maschinen, die zunächst das Leben erleichterten, werden es schließlich unerträglich machen. Computer, die bereits angefangen haben, uns zu ersetzen und uns zu versklaven, können dazu führen, daß wir eines Tages unfähig sind, die einfachsten Arbeiten für uns selbst zu verrichten.

> Da die Maschinen immer mehr wie die Menschen werden, wird es mit den Menschen dahin kommen, daß sie immer mehr wie die Maschinen werden. J. KRUTCH

Computer-Spezialisten entwickeln so etwas wie einen Tunnelblick, der aus statistisch-empirisch-digitalem Denken besteht. Bei ihnen ist die Fähigkeit, gesunde Werturteile zu treffen, unterentwickelt und die Begabung für digitales Denken überentwickelt. Allgemeine Werturteile setzen eine umfassende Perspektive, eine anhaltende geistige Bemühung und eine tiefschürfende Analyse voraus. Digitale Beurteilungen sind sehr viel einfacher, und sogar eine falsche Entscheidung ist eindrucksvoll wie der Ausstoß einer heutigen komplizierten Maschinenanlage.

Moderne Computer-Systeme schaffen eine neue Generation von Bürokraten, die auf dem Gebiet der Wertbeurteilung sogar noch unfähiger sind als ihre Vorgänger und einen entscheidenden Beitrag zu der abwärtsführenden Spirale hierarchischer Regression leisten.

> Fröhlicher Gehorsam gegenüber dem Computer führt zu schlechteren Leistungen der Gesellschaft. Er macht es den Diktatoren leichter, ihre Ziele zu erreichen. Er bringt eine Schmälerung der Freiheit mit sich. Treue Ergebenheit gegenüber dem Computer ist gleichbedeutend mit Verrat . . . Der Computer ist nur dazu da, dem Menschen zu dienen – nicht, um von ihm bedient zu werden.
> H. MATUSOW

4. KAPITEL

Die Mediokratie oder Aufstieg und Fall

Wenn fünfzig Millionen Leute etwas Dummes sagen, bleibt es doch etwas Dummes. BERTRAND RUSSELL

Mit zunehmender hierarchischer Regression sinkt die Lebensqualität, und entwicklungsfähige gesellschaftliche Einrichtungen entarten zu gigantischen unfähigen, nur noch sich selbst erhaltenden Bürokratien. Alles, von den Produkten bis zu den Präsidenten, wird in fortschreitendem Maße weniger interessant. Mittelmäßigkeit triumphiert, während jede echte Qualität von der Hierarchie ausgemerzt wird.

Die Hierarchie entstellt nach und nach die Persönlichkeit des einzelnen. Der Bürger mag sich einbilden, er gestalte sein persönliches Schicksal, während er in Wirklichkeit ein programmierter Automat ist.

In der Natur gibt es ein Beispiel, das nützlich zur Veranschaulichung eines solchen Verhaltens ist.

Die Raupen des Prozessionsspinners (Thaumetopoea processionea) sind für die sonderbare Art und Weise bekannt, wie sie sich nachts über den Waldboden fortbewegen. Sie bilden eine lange Reihe, in der jede einzelne Raupe mit dem Kopf das Hinterteil der vor ihr kriechenden Raupe berührt. Die in Prozessionen von mehreren hundert Tieren auf Fraß ausziehenden Raupen ernähren sich am liebsten von Eichenblättern. Ein Wissenschaftler, der ihr Verhalten untersuchte, legte einen Ring von Prozessionsspinner-Raupen um einen Blumentopf. Jede Raupe berührte mit dem Kopf das Hinterende der vor ihr kriechenden Raupe. Sie krochen rund um den Blumentopf, immer wieder – eine Prozession ohne Ende –, bis sie verhungerten, und dabei war ihre Lieblingsnahrung – frische Eichenblätter – ganz in der Nähe. Das prozessionsartige Verhalten der Raupen hinderte sie daran, sich der Situation anzupassen. Deshalb gingen sie, obwohl die Lösung ihres Problems in greifbarer Nähe war, zugrunde.

Wenn es den Menschen freisteht, zu tun, was ihnen beliebt, imitieren sie gewöhnlich einander. E. HOFFER

Zu den charakteristischen Merkmalen des Menschen gehören Anpassungsfähigkeit, Intelligenz und Freiheit der Wahl, aber hierarchische Regression hat das Menschsein in zunehmendem Maße erschwert. Obwohl der Mensch nicht wie die Prozessionsspinner-Raupe von einem inneren, auf Instinkt beruhenden Mechanismus getrieben wird, legt er doch ein ähnliches Verhalten an den Tag. Das Verhalten des Menschen wird bedingt oder beherrscht durch das hierarchische System, in dem er lebt. Er verhält sich eher wie eine Marionette als wie eine Raupe. Eine Marionette ist eine dem Menschen ähnelnde Figur, deren Aktionen von äußeren Kräften gelenkt werden. Das menschliche Opfer hierarchischer Regression könnte man als *Prozessionsmarionette* beschreiben, die durch das Puppenspiel des Lebens geht, Karten locht, Formulare ausfüllt und sinnlose Riten vollführt.

> Zum Dienst gepreßt bedeutet, in eine fremde Form gepreßt. ROBERT FROST

Inzwischen ist die Prozessionsmarionette als eine dynamische gesellschaftliche Kraft zur Geltung gekommen. Man spricht von ihr als dem «Mann von der Straße», der «schweigenden Mehrheit», der «Masse Mensch», dem Durchschnittsbürger, dem Verbraucher oder Konsumenten.
Die Prozessionsmarionette ist ein Funktionär, der keine persönliche Beziehung zu seiner Arbeit hat, aber ernst und gewissenhaft über neue und bessere bürokratische Verfahren nachdenkt. Er wird hoch gepriesen, weil er sich mehr den Mitteln und Wegen als Sinn und Ziel seines Postens widmet. So wird zum Beispiel der Astronaut seiner Leistungsfähigkeit wegen geschätzt, und wir sind stolz auf seine dramatischen Heldentaten im Weltraum. Schon die Aussicht, daß Wissenschaftler einen Menschen auf den Mond schaffen könnten, wurde von den amerikanischen Prozessionsführern so hoch bewertet, daß sie dazu neigten, sich von den realen Problemen, vor die sich unsere Städte, unser Land und unsere Welt gestellt sehen, abzuwenden.
Der Status-Aufstieg der Prozessionsmarionetten zwingt den Menschen, eine von Angst diktierte Wahl zu treffen. Technisches Können verleiht die Macht, der Gesellschaft die Möglichkeit zu geben, ihre Probleme zu lösen, aber der Mensch fliegt beispielsweise zum Mond und läßt es geschehen, daß die Umwelt verkommt, die Schulen schließen und Millionen in Armut leben.

> Wir sind im Begriff, in das Zeitalter des Fliegens einzutreten, bevor wir noch einen Stuhl entwickelt haben, auf dem man bequem sitzen kann. P. WYLIE

Die *professionelle Prozessionsmarionette* ist der Funktionär, mit dessen Hilfe die moderne Gesellschaft ihre konventionellen Organisationen aufrechterhält. Er ist ein Prototyp. Er ist zum Symbol für die Kultur der modernen Gesellschaft geworden und verkörpert die neue Elite. Die zunehmende Spezialisierung hat zu engen Erfolgskriterien geführt, so daß eine Beförderung innerhalb der Hierarchie sich auf institutionelle Werte gründet. Das entmutigt den einzelnen, seine individuellen Möglichkeiten zu entfalten, und verschüttet sein Verantwortungsbewußtsein.

Es ist bezeichnend, daß die professionelle Prozessionsmarionette im allgemeinen ein Mensch ist, der als Spezialist angefangen und seine Sachkenntnisse dazu genutzt hat, Beförderungen durchzusetzen, indem er Leistungen auf einem Arbeitsgebiet demonstrierte, für das er objektiv und sachlich qualifiziert ist. Die Ironie liegt darin, daß der Mann, der auf seinem Gebiet hervorragende Arbeit geleistet hat, sich nun damit belohnt sieht, daß er gezwungen ist, diese Arbeit aufzugeben, um zu einer höheren Stufe aufsteigen zu können. Und auf eben diese Weise wird eine professionelle Prozessionsmarionette rekrutiert. Ein solcher Mensch zeichnet sich aus durch seinen Mangel an Eigenverantwortung: er macht nicht Politik, er führt sie lediglich aus.

> Wer ist törichter, das Kind, das die Dunkelheit fürchtet,
> oder der Mann, der das Licht fürchtet? M. FREEHILL

Wenn die Prozessionsmarionette Verantwortung trägt, werden die gesellschaftlichen Ziele in Worten der gesellschaftlich etablierten Möglichkeiten definiert, die für ihre Verwirklichung zur Verfügung stehen. Ein solcher Mann sagt: «Es läßt sich machen, also machen wir es doch.» Er erforscht den Weltraum, weil die dazu nötige Technologie existiert. Er produziert Nuklearwaffen, mit denen man die Weltbevölkerung mehr als einmal töten könnte. Er produziert Bakterien, Hunderte von Kanistern voller Bakterien, von denen einer genügt, um eine Milliarde Menschen zu töten, und vergißt, daß es nur drei Milliarden potentielle Opfer auf der Erde gibt. Warum? Weil er ein engstirniger Beamter ist, der nur seine Kirchturmpolitik im Kopf hat. Weil er an geistiger Beschränktheit, Gefühlsarmut und einer Verhärtung der Kategorien leidet. Er liefert keine Lösung für solche Probleme, denn Lösungen haben mit Verantwortung und menschlichen Werten zu tun. Er fühlt sich nicht beteiligt an der Wahl zwischen Kanonen und Butter oder der Wahl zwischen Schnellverkehrssystemen, die Millionen Bürgern zugute kommen, und einem Aufwand von 30 Milliarden Dollar für den Flug eines Menschen zum Mond.

> Wo alle gleich denken, denkt keiner sehr viel.
> WALTER LIPPMANN

Spezialisierung erzeugt Fachkenntnis der verantwortungslosen Folgt-dem-Führer-Art, die ihrerseits Schicht um Schicht von Management-Spezialisten gelenkt werden muß. Spezialisierung erzeugt das Bedürfnis nach Bürokratie. Bürokratie fördert eine immer mehr institutionalisierte, immer mehr um sich greifende Herrschaft der Mittelmäßigkeit. Die meisten hohen Militärs spielen die Rolle der Prozessionsmarionette mit Perfektion. Sie werden Helden, indem sie den Spielraum ihrer speziellen Funktionen ausweiten. Werden Fragen gestellt im Zusammenhang mit dem Overkill oder der Ausweitung von Kriegen gegen die Landbevölkerung, meint es die Prozessionsmarionette absolut ehrlich, wenn sie antwortet: «Aber dafür bin ich nicht zuständig.»

Der technische Experte kann in seinem konformen Verhalten so weit gehen, daß er sich zu einem Adolf Eichmann entwickelt, einer fähigen professionellen Prozessionsmarionette, die uns still und leise in die Vernichtung führt. Er kann zu einem gefühllosen Wesen werden, einem seiner Persönlichkeit beraubten Funktionär, für den im Leben nichts als seine «Pflicht» existiert. Glücklicherweise sind solche extremen Fälle noch selten, doch niemand von uns kann sich ganz dem Prozessionseffekt entziehen.

Zur Zeit macht sich bei allen größeren Institutionen eine hierarchische Regression bemerkbar, die zu der weitverbreiteten Gleichgültigkeit gegenüber der wachsenden Korruption innerhalb der gesellschaftlichen Institutionen beiträgt. Ebenso trägt sie zu der immer schneller fortschreitenden Desintegration der sozialen Struktur der Zivilisation und zu der allgemeinen Atmosphäre der Angst bei. Viele Menschen sind längst Prozessionsmarionetten geworden und bekunden daher wenig Angst, aber diejenigen, die sich über hierarchische Regression und Persönlichkeitsverlust Gedanken machen, leiden darunter. Diese Einzelgänger rufen nach Änderung, während die schweigende Mehrheit sich das Prozessionsverhalten angewöhnt und die Mittelmäßigkeit akzeptiert, die sich überall breitmacht, einerlei, ob es sich um Ethik, Erziehung, Recht, um Produkte oder um Regierungen handelt. Persönlichkeitsverlust erhöht die Bereitschaft, Mittelmäßigkeit zu akzeptieren, die auf diese Weise zum erstrebten Maß wird. Eine von Mittelmäßigkeit beherrschte Gesellschaft ist eine *Mediokratie* und gedeiht als solche, je mehr sie sich von Prozessionsmarionetten lenken läßt.

> Mittelmäßigkeit ist das Verdienst des Mittelmäßigen.
>
> JOSEPH JOUBERT

Die ideale Prozessionsmarionette ist der Funktionär, der systematisch seiner Phantasie, seiner Kreativität, seines geistigen Erbes, seiner Träume und seiner persönlichen Eigenart beraubt worden ist. Spätestens von der Grundschule an hat man ihn auf das Leben abgerichtet, indem man ihm aufgesplittertes, in Fächer eingeteiltes Wissen vermittelte. Auf diese Weise hat man ihn auf seine mechanische Rolle in der Mediokratie vorbereitet. Sobald er in die Mediokratie hineingezogen wird, unterdrücken überwältigende Kräfte ehrliche Gefühlsregungen und Spontaneität. Später tragen verschiedene Aspekte seiner entpersönlichten, mechanischen Arbeit zu seinem weiteren Persönlichkeitsverlust bei, und seine einzige Befriedigung besteht darin, sich durch Befolgung der Ritualien seiner Prozessionsrolle anzupassen.

> Instinktiv bewundern die Engländer jeden, der kein Talent hat und dabei bescheiden ist. J. AGATE

In einer Mediokratie wird der Massenmensch unpersönlich, als Masse behandelt, was unausweichlich einen allgemeinen Geschmacksrückgang und eine Abkehr von der besonderen Leistung und Qualität nach sich zieht. Als Konsument wird die Prozessionsmarionette zu einer leicht zu bedienenden oder abzufertigenden anonymen Standardeinheit. Sie ist ein statistischer Beitrag zu der allgemeinen Geschmacksnivellierung. Sie ist eine Komponente der Massenkultur, des Massenverkehrs, der Massenvergnügen, der Massenmoral und der Massenregierung. Die Technologie erzeugt eine entpersönlichte, genormte Gesellschaft, die auf den einzelnen ihren Einfluß ausübt, indem sie ihn der Verantwortung enthebt. Sie befreit ihn von der Notwendigkeit, Entscheidungen zu treffen. Sie vermittelt ihm das Gefühl der Sicherheit, solange er sein Prozessionsverhalten beibehält. Die Prozessionsmarionette ist ein Opfer der Mediokratie und trägt zu ihrem Fortbestand als Gesellschaftsordnung bei, indem sie zum Standardkonsumenten von Produkten, Propaganda und Politik wird.

> PRICES ERSTES GESETZ:
> Wenn alle es nicht wollen, kriegt es keiner.

Dienststellen, Behörden und Ministerien innerhalb der Verwaltungsstruktur einer Mediokratie neigen dazu, dem eigenen Fortbestand dienende, von Funktionären betriebene Prozessionsverwaltungsapparate zu werden, die kräftig zur bürokratischen Verseuchung beitragen. Vorschriften, Bestimmungen, Gesetze und Satzungen gängeln den einzelnen und dringen immer mehr in sein Leben ein.

> MARIONETTEN-METAGESETZ*:
> Alle Gesetze, ob gut, schlecht oder weder das eine noch das andere, müssen genau dem Wortlaut nach befolgt werden.

Ein pathologischer psychischer Zustand bemächtigt sich des Angestellten in der bürokratischen Struktur der Mediokratie. Sein Gefühl der Sicherheit hängt in zunehmendem Maße von den Vorschriften, Bestimmungen, Riten und Registern seiner Dienststelle ab, und er legt eine

* Ein Metagesetz ist ein Gesetz über Gesetze.

unsinnige, stereotype und oft bösartige Form von Institutionswahn an den Tag. Die interne bürokratische Organisation, Abwicklungsverfahren und Formulare werden höher bewertet als die Arbeitsleistung oder der Dienst an der Öffentlichkeit. Der Druck der Mediokratie auf den Beamten muß methodisch, vorsichtig und auf den Schutz der bürokratischen Ritualien bedacht sein. Der Beamte klammert sich an das herkömmliche Beamtentum und an die pedantisch genaue Einhaltung der rituellen Prozeduren. Sein vorrangiges Bestreben, sich an die Vorschriften zu halten, beeinträchtigt seine Arbeitsleistung, seinen Dienst an der Öffentlichkeit. Die chronische Prozessionsmarionette vergißt nie eine einzige Vorschrift und betrachtet die Öffentlichkeit als eine brisante Kraft, die danach trachtet, das System umzustürzen und dafür zu sorgen, daß etwas getan wird.

> Bürokraten im Staatsdienst sind von Natur aus träge, heimlichtuerisch und mißtrauisch. B. ATKINSON

Bürokraten können innerhalb der Hierarchie durchaus auf Grund negativer Charaktereigenschaften aufsteigen. Als fähig gilt, wer nicht gegen die Vorschriften verstößt und keine Wellen aufrührt. Wo dieser Zustand vorherrscht, ist der Vorgesetzte lediglich ein Strohmann, und es ist schwierig, zwischen seinem Verhalten und dem seiner Untergebenen zu unterscheiden.

> Als ich noch ein kleiner Junge war, erzählte man mir, jeder könne Präsident werden. Ich fange an, es zu glauben.
> C. DARROW

In einer Hierarchie, wo dieses ritualistische Verhalten gang und gäbe ist, ist jede Prozessionsmarionette bestrebt, sich nur um ihre eigenen Geschäfte zu kümmern und ihre Machtbefugnis nicht zu überschreiten. Sie bringt es fertig, emsig und ausschließlich der ihr zugewiesenen Aufgabe nachzugehen, während ringsum Regression und Korruption ihre Behörde, ihre Firma, ihre Gesellschaft oder ihren Staat zerstören.

> Nichts anderes braucht es zum Triumph des Bösen, als daß gute Menschen gar nichts tun. EDMUND BURKE

Die Prozessionsmarionette schätzt Zugehörigkeit. Zählt sie zur breiten Masse, ist sie außerordentlich stolz auf ihre Nationalität, ihre Religion oder ihre Zugehörigkeit zur Mehrheit. Zählt sie zum mittleren Management, gehört sie Massenorganisationen, Berufsverbänden und Vereinigungen zur Förderung gemeinsamer Interessen an. Im Top-Management zieht sie meist die Mitgliedschaft in Privatklubs und exklusiven Verbänden vor.

OESERS GESETZ:

Der Inhaber der mächtigsten Position einer Organisation neigt dazu, seine Zeit mit der Tätigkeit für Ausschüsse und dem Unterschreiben von Briefen hinzubringen.

Die Vollendung hierarchischer Regression ist die Mediokratie, in der die politische Macht errungen wird, indem man der Prozessionsmarionette einen nach ihrem eigenen Bild geschaffenen politischen Führer verkauft. Dabei bedient man sich der gleichen Technologie, die bei der Massenproduktion, bei der Verpackung und dem Verkauf einer Vielzahl von Produkten angewendet wird.

Ich muß ihnen folgen, ich bin ihr Führer.

ALEXANDRE AUGUSTE LEDRU-ROLLIN

Richard Nixon* stellte als Präsidentschaftskandidat einen neuen Rekord als der am sorgfältigsten verpackte Politiker aller Zeiten auf. Meinungsumfragen wurden veranstaltet und die gesammelten Informationen mit Hilfe von Computern ausgewertet. Das Material bot den Public Relations-Leuten die Grundlage, Aussagen und Erklärungen zu formulieren, wie sie die Wähler gern hören wollten. Richard Nixon brachte diese Aussagen im Fernsehen vor, in einer Reihe von Werbesendungen, und richtete sie gezielt an die Leute, die sie hören wollten. Dies ist die fortgeschrittenste der bisher erfundenen Verkaufstechniken. Finde heraus, was der Kunde wünscht, und sage ihm dann, das sei es, was deine Packung enthalte. Bei aller Fairness Produkten wie Politikern gegenüber muß ich meine Leser daran erinnern, daß bereits alles, vom besten bis zum schlechtesten Produkt, nach dieser Methode erfolgreich verkauft wurde. Die Methode verkauft das Image, die Pakkung, die Marke, und nicht den Inhalt. Es ist interessant, daß Hubert Humphrey* die von seinem Gegner angewandte Methode nicht kritisierte.

Der größte Fehler in meinem politischen Leben war, daß ich nicht lernte, mich des Fernsehens zu bedienen.

HUBERT HUMPHREY

Die Prozessionsmarionette ist systematisch als Konsument programmiert worden, der glaubt, eine riesige Industrie sei ständig bemüht, ihn mit neuen und verbesserten Erzeugnissen zu versorgen. Sie verkauft ihm Seife, die garantiert jedem anderen Produkt überlegen ist. Dann verkauft sie ihm spezielle Zusatzmittel in einer wunderbaren Vielfalt von Farben und Formen, Körnern, Flüssigkeiten und Tabletten. Als nächstes verkauft sie ihm besondere Zusätze und neue Formeln.

* Kein fiktiver Name.

Dann verkauft sie ihm Einweichmittel zur Verwendung vor dem eigentlichen Waschprozeß und Weichspülmittel für danach. Die Prozessionsmarionette ist überzeugt, daß ein großer Fortschritt gemacht ist. Sie ist begeistert über die neuen Chromverzierungen an ihrem Auto, über die Kühltruhe und andere Geräte. Sie hat das Gefühl, als Konsument habe sie teil am Fortschritt. Sie identifiziert sich mit großen Ereignissen und ist stolz auf Errungenschaften wie das Farbfernsehen oder Leistungen wie das Weltraumprogramm, obwohl sie zu beidem nicht das geringste beigetragen hat und von beiden im Grunde nichts versteht. Nach stetiger Fütterung mit Fernsehbrei ist die Prozessionsmarionette bereit, den «verpackten» Politiker als etwas, das sich lohnt, zu akzeptieren.

> KITMANS GESETZ:
> Reines Geschwätz zielt darauf ab, das übliche Bildschirmgeschwätz zu verdrängen.

Unglücklicherweise wird der verpackte Prozessionspolitiker in den meisten Fällen eine Spiegelung der Werte der Prozessionsmarionette sein, die wiederum ein Produkt hierarchischer Regression ist. Und damit wäre die abwärtsführende Spirale vollständig: sie reicht nunmehr vom untersten Funktionär bis zum höchsten Amt im Land.

In einer gut entwickelten Mediokratie gibt es keinen wirklichen politischen Führer. Der oberste Leiter der Regierung ist der letzte Befehlsempfänger. Die Meinungsumfragen und Computer programmieren sein Verhalten. Warum soll eine launische Bevölkerung, die man daran gewöhnt hat, bei anderen Produkten neue Formeln und besondere Zusätze zu erwarten, solche Erwartungen nicht auch an ihre Politiker stellen? Aus den Umfrageergebnissen geht hervor, es werde «ein Mann aus dem Volk» gewünscht, also zeigt man den Präsidenten an seinem Gartengrill, vor dem Fernsehapparat, wie er seinen Hund streichelt oder beim Golfspiel. Und wenn die Leute ihres alten Bildes von ihm überdrüssig sind, wird ihnen der «neue» Präsident gezeigt, und dann der «neueste» Präsident, und dann der «völlig neue» Präsident mit seiner neuen Haarfrisur, seiner neuen Rhetorik, dem neuen Image und den neuen Slogans.

> Ich weiß nicht, an welchem Thema er seine vielseitige Unfähigkeit als nächstes auslassen wird.
>
> ALFRED E. HOUSMAN

Doch obwohl das Peter-Prinzip so wirkt, daß es nicht nur den einzelnen zu seiner Stufe der Unfähigkeit hinführt, sondern schließlich auch das Gefüge der gesamten Gesellschaft unterhöhlt, kann jeder von uns kreativer, sicherer und fähiger werden. Dadurch bewahren wir uns vor persönlicher Inkompetenz und tragen zugleich dazu bei, die hierarchische Regression, den Verfall, der die Gesellschaft zu zerstören droht, ins Gegenteil zu verkehren.

> Der wahre Prüfstein einer Zivilisation ist nicht der Zensus, nicht die Größe der Städte und auch nicht der Ernteertrag – nein, sondern der Mensch, den das Land hervorbringt.
> RALPH WALDO EMERSON

Das der Prozessionsmarionette entgegengesetzte Ende des menschlichen Spektrums ist der menschliche Mensch, der nach wahrer Menschlichkeit, nach menschenwürdigem Leben und Denken, nach Nächstenliebe und Selbstverwirklichung strebt. Er ist ein Mensch, der seine Fähigkeiten entfaltet und Befriedigung darin findet, kreativ, sicher und fähig zu sein.

> Jeder Mensch trägt in sich einen Kontinent unentdeckter Anlagen. Glücklich, wer der Kolumbus seiner eigenen Seele ist.
> J. STEPHEN

Zweiter Teil

Wie man sich seine Kompetenz erhält

Alle Vergnügen des Verstandes,
alle Sinnenfreuden sind in drei Worten enthalten:
Gesundheit, Friede, Fähigkeit.
ALEXANDER POPE

5. KAPITEL

Erkenne dich selbst
oder
Ein bißchen Selbstbeobachtung kann nicht schaden

> Das Leben ist ein endloser Prozeß der Selbstentdekkung. J. GARDNER

Als das delphische Orakel sagte: «Erkenne dich selbst», sprach es nicht nur zu den Griechen, sondern sagte etwas für die ganze Menschheit Bestimmtes über die Wichtigkeit, ein Identitätsgefühl zu erwerben. Identität ist für die individuelle Integrität so notwendig, wie Essen, Kleidung und ein Dach über dem Kopf es für die physische Existenz sind.

> Das Gebot «Erkenne dich selbst» war nicht allein dazu bestimmt, dem Stolz der Menschheit vorzubeugen, sondern ebenso dazu, daß wir unseren eigenen Wert verstünden. MARCUS TULLIUS CICERO

Unglück sucht den Menschen heim, der sich selbst nicht mehr kennt, weil er seine besondere Immunität gegen eine Vielzahl moderner Übel verloren hat. Müde in einen Sessel hingestreckt, starrt er in seinen Fernsehapparat, hilflos allen nur denkbaren Lügen über sich selbst ausgesetzt, und weiß sich gegen die Bedrängnisse, die ihn umklammern, nicht zu wehren. Umgetrieben von Schuldgefühlen wegen seiner sozialen Stellung und der Sehnsucht nach Sicherheit, schließt er sich denen, die einem Status nachjagen, an und stürzt sich in einen Konkurrenz- und Anpassungskampf, der seine natürlichen Fähigkeiten brachlegt.

> Die Masse der Menschen führt ein Leben stummer Verzweiflung. HENRY DAVID THOREAU

Der moderne Mensch mag sich zum Beispiel darüber im klaren sein, daß er Schulden gemacht hat, nur um Dinge zu kaufen, die er selten benutzt. Er fühlt, irgend etwas ist auf furchtbare Weise falsch an seinem Leben, aber er zögert, es einzugestehen, und redet er einmal über seine Probleme, dann spricht er von emotionalen Verdrängungen oder seelischem Katzenjammer. Er mag versuchen, sich durch Gruppentraining oder durch eine Privatbehandlung davon zu befreien, oder er strengt

sich auf gut Glück noch mehr an und hofft das Beste.
Aber wenn man ihn fragt, wird er, vor allem in Gegenwart seiner frustrierten Frau und seiner rebellierenden Kinder, immer behaupten: «Ich komme gut zurecht», und wird seinen materiellen Wohlstand als Beweis für seinen Erfolg erwähnen. Er ist eine Prozessionsmarionette geworden.

Jahrzehntelang haben Gesellschaftswissenschaftler vor der entmenschlichenden Wirkung unserer produktions-orientierten Gesellschaft gewarnt. Philosophen haben seit jeher darauf gedrängt, den Spruch «Erkenne dich selbst» zu beherzigen, aber sie haben es versäumt, praktischen Rat zu geben, wie ein jeder von uns zu dieser wahren Selbsterkenntnis gelangen kann, die den Menschen in die Lage versetzt, sein Schicksal zu gestalten.

Ein weitverbreitetes Problem des zivilisierten Menschen sind seine Identitätskrisen. Er ist verwirrt, weil er sich die Frage: Wer bin ich? nicht beantworten kann. Bis zu einem gewissen Grade ist dies für alle, die unter dem Einfluß einer Hierarchie stehen, ein Problem. Die Identität eines Menschen ist eine Synthese seiner Vorstellung von sich selbst, seiner Anschauung von seiner Welt und des ihm vorschwebenden Bildes von seinem idealen Lebensstil. Eine starke persönliche Identität mindert die Anfälligkeit für psychische Desintegration und schafft die Grundlage für Selbstachtung.

Selbstachtung ist die Überzeugung, daß man einen besonderen Wert besitzt, und basiert auf dem Gefühl, daß man fähig ist, etwas zu leisten, das für die persönliche Eigenart von größter Bedeutung ist. Hat man Selbstachtung erlangt, ist man in der Lage, ein schöpferisches und menschlich sinnvolles Leben zu führen.

> Der Mensch muß mit seinem Ich leben, und er sollte sehen, daß er in ihm stets einen guten Gefährten hat.
>
> CHARLES E. HUGHES

Schöpferisches Leben befreit die Phantasie, so daß man mit ihrer Hilfe Probleme lösen und sein Leben ändern und so gestalten kann, wie man es sich wünscht. Dann wird man wieder die eigene Stimme hören und die eigenen Meinungen achten und respektieren, ungehemmt von inneren Konflikten und Zweifeln.

> Du bist nicht für das Universum verantwortlich: du bist verantwortlich für dich selbst. ARNOLD BENNETT

Jetzt, in diesem Augenblick, beginnt die Zeit, die Ihnen noch zu leben bleibt. Schreiten Sie vorwärts, zu mehr Glück, mehr Bewußtsein, einem intensiveren Leben und Empfinden. Entfalten und verwirklichen Sie Ihre einzigartigen menschlichen Möglichkeiten.

Mach das Beste aus dir, etwas Besseres kannst du nicht tun. RALPH WALDO EMERSON

PETER-PROGRAMM PUNKT 1

Die Peter-Präparation: *Revitalisieren Sie Ihren Körper*

Geist und Körper sind in Wirklichkeit eine untrennbare Einheit. Ihr gegenseitiges Verhältnis ist so geartet, daß man zum Beispiel nicht klaren Kopfes über sich selbst nachdenken kann, wenn der Körper von Müdigkeit, Rauschgiften oder Krankheit erschöpft ist. Ein gesunder Körper ist eine entscheidende Voraussetzung, wenn Sie aus den anderen Punkten des Peter-Programms das Maximum an Vorteilen ziehen wollen.

Die größte aller Torheiten ist, seine Gesundheit aufzuopfern, für was es auch sei. ARTHUR SCHOPENHAUER

Der Glaube, daß der Geist gute und schlechte Wirkungen auf den Körper ausübe, ist so alt wie die überlieferte Geschichte. Und nur wenige würden die Gültigkeit des alten Spruches bestreiten, der lautet: «Sage mir, wie du denkst, und ich sage dir, wer du bist.» Die ewige Weisheit der alten und immer neuen Wahrheiten in allen Ehren, doch ist es ebenso eine Tatsache, daß der Körper durch Nahrung und Ruhe erneuert und erquickt wird, nicht durch Denken, wie edel die Gedanken auch sein mögen.
Fortgesetzte Sorgen wirken sich schädlich auf alle Organe des Körpers aus und beeinträchtigen die Verdauung und Assimilation auch der besten Nahrung. Destruktive Emotionen verhindern klares Denken und lösen Störungen körperlicher Funktionen aus, aber viele Menschen haben zu ihrer nachhaltigen Befriedigung festgestellt, daß eine Revitalisierung des Körpers unerwartete Ausgeglichenheit und Freude schenkt.

Gesundheit allein ist Sieg. THOMAS CARLYLE

Um sich selbst zu erkennen, muß man seinen Körper kennen. Das gegenwärtige physische Stadium des Menschen ist das Ergebnis einer Entwicklung, die sich über Millionen von Jahren hingezogen hat. Unser Körper entwickelt sich durch Anpassung an eine Vielzahl von Umweltbedingungen. Die jüngste beschleunigte Eskalation der Umweltveränderung hat unserem Körper keine Zeit gelassen, sich anzupassen. Unsere Muskeln und unser Kreislauf waren nicht für ein Leben körperlicher Inaktivität bestimmt und unser Verdauungssystem nicht für eine Ernährung durch verfeinerte und künstliche Nahrungsmittel,

283

ohne Nährwert und durchsetzt mit Konservierungsmitteln. Wenn der menschliche Körper die Schocks, denen er durch den raschen Wandel ausgesetzt ist, übersteht, wird er sich möglicherweise im Laufe von Generationen der Untätigkeit und den chemisch gedüngten, mit Insektiziden und anderen Giften verdorbenen Feldfrüchten anpassen.

> Unsere Körper können als unsere Autobiographien herhalten.
> FRANK BURGESS

Die Zellen und die Organe unseres Körpers üben ihre Funktionen besser aus, wenn man regelmäßig Gymnastik treibt. Die Gesundheit unserer Zellen und Organe hängt von frischem, gesundem Blut ab, das durch Herz, Muskeln, Arterien und Kapillargefäße lebhaft über den ganzen Körper verteilt wird. Tägliche Leibesübungen sind ein wichtiges Element bei der Revitalisierung des Körpers und der Erhaltung der Gesundheit. Radfahren, Schwimmen, Wandern, Gartenarbeit, Gymnastik und Sport ermöglichen die verschiedensten Arten der körperlichen Betätigung, bereichern das Leben, verbessern die Atmung, regen den Kreislauf an und verleihen dem Körper Spannkraft.

Der Körper kann nicht besser sein als die Nahrung, die man ihm täglich zuführt, um ihn zu erhalten, zu kräftigen und zu erneuern. Das Blut, der Lebensquell für alle Zellen, Gewebe und Organe, wird durch gute Nahrung, Luft und Wasser genährt. Glücklicherweise wächst heute wieder das Interesse an natürlicher Nahrung, die reich ist an Vitaminen, Mineralien und anderen Nährstoffen, die den Körper mit Lebenskraft erfüllen und ihm Widerstandskraft verleihen.

Frühentdeckung von Krankheiten, regelmäßige vorbeugende Untersuchungen und gute ärztliche Behandlung helfen, manche ernste Erkrankung zu vermeiden. Die Verbindung von angemessener ärztlicher Versorgung und einem eigenen Revitalisierungsprogramm trägt zu konstruktivem Denken, Fröhlichkeit und Seelenfrieden bei.

> Gesundheit ist das, was dir das Gefühl gibt, daß jetzt die beste Zeit des Jahres ist.
> FRANKLIN PIERCE ADAMS

PETER-PROGRAMM PUNKT 2

Die Peter-Pause: *Gönnen Sie sich jeden Tag eine Erholungspause*

Hier handelt es sich um eine einfache geistige Übung, die Sie von Ihren Sorgen wegführt und Ihnen den Austausch mit Ihrem inneren Ich ermöglicht. Diese Art der schöpferischen Pause ist keine Entdeckung von mir – die Menschen kennen sie seit Jahrhunderten und haben ihr viele verschiedene Namen gegeben. Jeder ist zu dieser Übung imstande. Bei der Peter-Pause kommt es darauf an, daß Sie sich völlig entspannen.

Schließen Sie die Augen und verbannen Sie jeden ablenkenden Gedanken aus Ihrem Kopf. Suchen Sie dann in sich, ganz sanft, jenen Mittelpunkt, wo alles sehr still und schön ist. Anfangs werden Sie vielleicht etwas Zeit und Mühe aufwenden müssen, um ihn zu finden, aber mit ein wenig Übung werden Sie es bald so weit bringen, daß Sie nur die Augen zu schließen brauchen, um sogleich dort zu sein.
Wenn Sie in Entspannungstechniken keine Erfahrung haben, beginnen Sie am besten damit, daß Sie sich in einen bequemen Sessel setzen, beide Füße auf dem Boden und die Hände locker auf dem Schoß. Schließen Sie die Augen und atmen Sie gleichmäßig, ganz tief, ganz sanft. Versuchen Sie, beim Ausatmen Ihren Körper jedesmal noch etwas mehr zu entspannen. Richten Sie nun Ihre Aufmerksamkeit auf einen Teil Ihres Körpers. Beginnen Sie mit Ihrer einen Hand. Ballen Sie sie zur Faust und spannen Sie die Muskeln des Unterarms. Achten Sie auf das Gefühl der Spannung in Ihren Muskeln. Lockern Sie die Hand, und lassen Sie Unterarm und Hand völlig schlaff werden. Richten Sie Ihre Aufmerksamkeit auf das Gefühl der Entspannung, und versuchen Sie zu erreichen, daß alle Spannung aus Ihrer Hand und Ihrem Arm weicht. Wiederholen Sie diese Übung einmal oder mehrere Male am Tag, und entspannen Sie auf die gleiche Weise Ihre andere Hand, Ihre Beine, den Rücken, den Bauch, den Nacken, das Gesicht und die Kopfhaut. Wenn Sie das gelernt haben und sich völlig entspannen können, richten Sie Ihre Gedanken auf friedlich-schöne Szenen. Beginnen Sie damit, wenn Sie mögen, daß Sie sich angenehme, stille und friedliche Szenen aus Ihrer Vergangenheit ins Gedächtnis rufen. Verweilen Sie bei Ihrem inneren Ich, solange Sie mögen, und denken Sie dabei entweder an nichts oder lassen Sie nur die lieblichsten Bilder vor Ihrem geistigen Auge vorüberziehen. Oft werden Sie Ihre Umgebung darüber völlig vergessen. Und wenn Sie dann die Augen wieder öffnen, werden Sie sich geistig und körperlich erfrischt fühlen.
Viele, die sich angewöhnt haben, die Peter-Pause zu praktizieren, sagen, sie habe ihr Leben verändert. Nicht nur hat sie ihnen geholfen, sich innerlich zu lockern, schablonenhaftes Denken zu überwinden und abends leichter einzuschlafen, sondern sie hat sie auch gelehrt, ihre Stimmungen willig und freudig zu akzeptieren, statt sie zu bekämpfen. Einer meiner Schüler drückte es so aus: «Trübsinn und Schwermut kommen und gehen, aber der friedliche Ort in mir bleibt bestehen.»

> Ruhigen Sinnes zu sein, bedeutet, ganz bei Sinnen zu sein; einen ruhigen Geist zu haben, bedeutet, über sich selbst zu gebieten.
>
> H. MABIE

E. Z. Ryder ist Geschäftsführer eines Supermarkts. Er wohnt mit seiner Frau und seinen zwei Kindern in einem Häuschen am Stadtrand. Jeden

Morgen, wenn er im Bus zur Arbeit fährt, schließt E. Z. die Augen und zieht sich an einen friedlichen Ort in seinem Geist zurück. Wenn er dann an seinem Arbeitsplatz ankommt, beginnt er den Tag mit jener Gemütsruhe, die ihm von seiner inneren Einkehr geblieben ist. Zuweilen wiederholt E. Z. diese Übung im Laufe des Tages, vor allem, wenn er ein besonders hektisches Arbeitsprogramm hat. Er hat herausgefunden, daß er auf diese Weise vernünftigere Entscheidungen trifft. E. Z. ist bekannt für seine Geistesgegenwart in kritischen Situationen.

Unlängst kam ein Bekannter zu E. Z. und sah ihn still für sich dasitzen. Er fragte, was denn los sei.

«Nichts ist los», antwortete E. Z. lächelnd. «Das Glück ist eben manchmal still.»

> Jeder muß seinen Frieden in sich selber finden, und soll der Friede echt sein, darf er nicht von äußeren Umständen beeinflußt werden. MAHATMA GANDHI

PETER-PROGRAMM PUNKT 3

Das Peter-Panorama: *Machen Sie sich eine Liste der Tätigkeiten, die Sie am meisten befriedigen*

Dieses Rezept hat vielen gesunden Menschen zu größerer Freude in ihrem Leben verholfen, und ebenso hat es vielen verstörten und verwirrten Menschen geholfen, Lösungen für ihre Probleme zu finden. Der Vorteil beim Anlegen von Listen besteht darin, daß es billiger ist als eine psychotherapeutische Behandlung und daß man seine Liste an die Wand pinnen und darüber nachdenken kann. Mit seinem Psychiater kann man das nicht tun.

Auf Ihrer ersten Liste sollten die Dinge stehen, die Ihnen in Ihrem Leben Freude machen, erfreuliche Erlebnisse, angenehme Erinnerungen, alles, was ein Gefühl der Befriedigung hervorgerufen hat. Die beim Aufstellen dieser Liste am häufigsten auftretende Schwierigkeit ist der Fehler, Dinge aufzuführen, von denen man sich einbildet, sie seien befriedigend, die sich in Wirklichkeit aber nicht lohnen. Das Boot, das man gekauft hat und das nun mehr Zeit und Arbeit verlangt und einem mehr Verantwortung aufbürdet, als es einem Vergnügen schafft, der teure Opern- oder Theaterbesuch, bei dem man sich am Ende doch nur langweilte, das große gesellschaftliche Ereignis, bei dem man sich im Grunde unwohl fühlte – so gibt es viele Dinge, die man zunächst vielleicht auf die Liste setzt, bei nochmaligem Überlegen aber streicht. Denken Sie an alle Aspekte Ihres Lebens – materiellen Besitz, Liebe, Arbeit, Freizeit. Notieren Sie auf der Liste einige Tage lang alle glückli-

chen Augenblicke, an die Sie sich erinnern.
Wenn Sie das Gefühl haben, Ihre Liste sei nun ziemlich vollständig, lesen Sie sie mehrmals durch und streichen Sie die Dinge an, die Sie täglich oder doch einigermaßen regelmäßig haben können. Schreiben Sie diese auf eine zweite Liste. Ausgeschlossen von dieser Liste sollte alles sein, was an einen bestimmten Zeitpunkt gebunden ist wie zum Beispiel das Auspacken von Weihnachtsgeschenken oder der letzte Schultag. Auslassen sollten Sie auch alle zufallsbedingten hübschen Ereignisse wie Glück beim Pokern oder den Lotteriegewinn. Die zweite Liste sollte nur Dinge enthalten, die Sie tun *können*, wie lieben, kochen, segeln, malen, im Garten arbeiten, Schach spielen und so fort. Die erste Liste versieht Sie mit reichlich Material zur Selbstbeobachtung und führt Ihnen die Reichweite der Dinge, die Sie glücklich machen, vor Augen. Aber die zweite Liste ist von nun an Ihr treuer Ratgeber. Schauen Sie sich die zweite Liste jeden Tag an, und Sie werden Klarheit darüber gewinnen, wie Sie Ihr tägliches Leben befriedigender gestalten können. Bald werden Sie sich mehr als zuvor den auf der Liste stehenden Dingen widmen. Lassen Sie sich nicht entmutigen, wenn der Erfolg sich nicht sofort einstellt. Gehen Sie die Liste immer wieder durch, und nehmen Sie sich regelmäßig Zeit für eine der befriedigenderen Tätigkeiten. Und zögern Sie nicht, der Liste neue Punkte hinzuzufügen – Sie können sie ja jederzeit wieder streichen, wenn sie sich nicht bewähren.
Was erreichen Sie damit, außer daß Ihre Tage sich ein wenig freundlicher gestalten? Nun, es stellt sich heraus, daß diejenigen, die dieses Rezept über eine längere Zeitspanne hin befolgen, plötzlich entdecken, daß sich in großen Bereichen ihres Lebens Änderungen vollziehen. Die erfreulichen Dinge beginnen die neutralen, unerfreulichen und belanglosen Ereignisse zu verdrängen. Und manchmal weicht sogar ein tief verwurzelter Lebensstil unter dem Druck einer Vielzahl angenehmer, erfreulicher und befriedigender Ereignisse.

> Glück ist nicht eine Station, wo man ankommt, sondern eine Art zu reisen.
> M. RUNBECK

PETER-PROGRAMM PUNKT 4

Die Peter-Purganz: *Befreien Sie Ihr Leben von den Gespenstern der Vergangenheit*

Es ist möglich, Unmengen Zeit und Energie darauf zu verschwenden, daß man sich Sorgen macht und sich imaginäre künftige Miseren ausmalt. Wer dazu neigt, vergiftet seine gegenwärtigen Aktivitäten mit bösen Ahnungen. Er lebt in einer psychischen Unterwelt. Erinnerungen an seine Fehler, an Mißverständnisse und Tragödien hemmen seinen Geist. Seine Erinnerungen reden ihm ein: «Du bist ein Produkt deiner Eltern, deiner Umwelt, deiner Gesellschaft – du bist deine Vergangenheit.» Er fühlt sich zu einem freudlosen Leben verurteilt und zieht sich zögernd in die Gegenwart zurück, die Augen fest auf die Vergangenheit gerichtet. Seine Gedanken lassen ihm keinen Frieden, und sie beeinträchtigen seine Verdauung, seinen Schlaf und sein Sexualleben.

Wenn Sie zu übertriebenen Sorgen neigen, dann begraben Sie Ihre früheren Fehler, und setzen Sie alles daran, sich in der Gegenwart vernünftig zu verhalten. Sorgen Sie dafür, daß Sie Ihre Fehler nicht halsstarrig wiederholen. Es ist Ihre Aufgabe, hier und jetzt erfolgreich zu leben. Die einzelnen Punkte des Peter-Programms werden Ihnen dabei helfen. Sie führen Ihnen vernünftige Verhaltensweisen vor Augen, die dazu beitragen, sich weniger zu sorgen.

> Ich sage euch, die Vergangenheit ist ein Eimer voll Asche.
> CARL SANDBURG

PETER-PROGRAMM PUNKT 5

Das Peter-Pathos: *Seien Sie Ihr eigener Held*

Machen Sie Ihr Leben zu einem Abenteuer, und seien Sie stolz auf die Rolle, die Sie darin spielen. Ein Held handelt edel aus freiem Willen. Er handelt anders oder tut mehr, als man von ihm erwartet. Sammeln Sie, wenn Sie Ihr eigener Held werden wollen, Ihre inneren Kräfte, und nutzen Sie sie schöpferisch. Überlegen Sie, welche Eigenschaften für Sie ein Held hat. Ist er jemand, der für seine Überzeugungen eintritt? Das können Sie auch. Ist er jemand, der geduldig auf ein lohnendes Ziel hinarbeitet? Auch das können Sie.

Erforschen Sie Ihre Fähigkeiten und Überzeugungen. Denken Sie daran – jedesmal, wenn Sie unabhängig und entschlossen handeln, bekräftigen Sie Ihre Identität, mehren Sie Ihre Selbstachtung und werden Sie Ihr eigener Held.

Ein Raucher, der sich seiner Abhängigkeit bewußt ist, wird sein eigener Held, wenn er sich das Rauchen abgewöhnt. Die Hauswirtschaftsleiterin, die es bewußt ablehnt, umweltschädliche Detergentien zu benutzen, und damit aufhört, zur Eskalation der Abfall- und Wegwerfgesellschaft beizutragen, wird zu ihrer eigenen Heldin.

> Helden in der Geschichte kommen uns poetisch vor, weil sie der Geschichte angehören. Aber wenn wir die schlichte

Wahrheit über manche unserer Nachbarn erzählen sollten, würde es wie Dichtung klingen. G. CURTIUS

Gelegentlich wird ein einzelner, einfach dadurch, daß er wirkungsvoll für seine Rechte eintritt, sogar ein öffentlicher Held. V. Hickle kaufte einen neuen Wagen, der verschiedener Mängel wegen sofort versagte. Als der Händler es ablehnte, den Wagen zu ersetzen, malte Hickle eine große gelbe Zitrone auf die eine Seite und stellte ihn vor dem Geschäftslokal des Händlers ab. Hickle verdankte seiner ungewöhnlichen Tat ein intensives Gefühl des Stolzes, Aufmerksamkeit weit über die Grenzen der Stadt hinaus und nicht zuletzt einen zufriedenstellenden neuen Wagen.

Die besten Reformer, die die Welt je gesehen hat, sind die, die bei sich selbst anfangen. GEORGE BERNARD SHAW

PETER-PROGRAMM PUNKT 6

Die Peter-Prämie: *Belohnen Sie sich für Ihre Leistungen*

Jeder braucht Anerkennung. Anerkennung ist Lohn und Ermutigung. Die Hierarchie hat ein Prozessionsverhalten hervorgebracht, das im Übermaß vom Beifall anderer abhängt.

Selbstbewertung und Selbstbelohnung führen zu einer Umstellung: man wird nicht mehr von anderen, sondern von seinem Innern gelenkt. Wer nicht lernt, sich selbst zu ermutigen und zu bestärken, sucht endlos den Beifall anderer und wird das Opfer einer unbefriedigenden Eskalation.

Sie können Ihre persönliche Eigenart vor dem verschleißenden Einfluß einer hektischen, frustrierenden Welt schützen, wenn Sie sich regelmäßig die Zeit nehmen, sich selbst zu belohnen. Das verbindet Sie mit Ihren Leistungen und schenkt fortdauernde Befriedigung. Außerdem ist die Anerkennung, die Ihnen von anderen zuteil wird, hohl und wertlos, wenn Sie sie nicht durch Ihre Selbstachtung aufwerten.

Selbstlob im Sinne des Peter-Programms unterscheidet sich von allgemeiner Selbstschmeichelei und eindeutigem Wunschdenken. Es verlangt von Ihnen, daß Sie Ihre Leistung im Verhältnis zu Ihren Zielen und Ihren humanistischen Überzeugungen beurteilen und bewerten. Wenn Sie feststellen, daß Sie sich konsequent daran gehalten haben, dann sollten Sie sich sagen: «Ich bin wirklich mit der Situation gut fertig geworden!» Solche inneren Kommentare spornen den Geist an. Selbstbewertung und Selbstbelohnung stärken und bestätigen die Identität und härten gegen ungerechtfertigte Kritik.

> Der Vorteil, wenn man sich selber lobt, liegt darin, daß man so dick und genau an der richtigen Stelle auftragen kann. SAMUEL BUTLER

PETER-PROGRAMM PUNKT 7

Die Peter-Praxis: *Tun Sie etwas für andere*

Es ist eine bekannte Erfahrung, daß man, indem man anderen hilft, die eigene Identität entdecken oder doch zumindest Neues über sich herausfinden kann.

Die Peter-Praxis steht nicht im Widerspruch zu den anderen Programm-Punkten, die der Förderung Ihrer Identität gewidmet sind. Vielmehr fördert sie Ihren freien Entschluß, etwas für andere zu tun, wobei der einzige vorhersehbare Lohn vermutlich die Peter-Prämie ist. Wenn es Ihre Selbstachtung und Befriedigung steigert, jemandem zu helfen oder eine humanitäre Unternehmung zu begründen oder etwas für einen guten Zweck zu tun, haben Sie etwas Wichtiges über sich selbst herausgefunden.

Die Peter-Praxis darf nicht mit Dienst am Establishment verwechselt werden, wo wir den Lohn, der uns in Gestalt von äußerlichem Beifall, Prestige oder materiellem Gewinn erwartet, im voraus kennen.

> Der Dienst, den wir anderen erweisen, ist in Wahrheit der Zins, den wir für unseren Platz auf dieser Erde zahlen. WILFRED GRENFELL

Ein großes Maß an Genugtuung wird Ihnen zuteil, wenn Sie aus freien Stücken von sich selbst etwas geben. Sie beweisen dadurch, daß Sie den Identitätsgrad erreicht haben, der bestimmt, wer Sie sind, was Sie sind und was Sie vollbringen können. Wenn Sie geben können, ohne der Dankbarkeit des Empfängers oder des Beifalls der Gesellschaft zu bedürfen, haben Sie Ihre Identität als wahrer Mensch gefunden.

> Habgier und Glück sahen einander nie, wie sollten sie dann miteinander vertraut werden? BENJAMIN FRANKLIN

PETER-PROGRAMM PUNKT 8

Das Peter-Pfand: *Bekräftigen Sie Ihren Glauben an sich selbst*

Das Peter-Pfand ist so etwas wie ein Versprechen, das ich mir selbst gegeben habe, ein lohnendes Leben zu leben. Jedes persönliche Versprechen kann Ihnen, wenn Sie sich immer wieder daran erinnern, eine wertvolle Orientierungshilfe sein in dieser so verwirrenden Welt. Sie können sich selbst eines aufschreiben, meines nehmen oder irgendein anderes. Es kommt nicht darauf an, wer es formuliert hat, sondern darauf, daß es Ihnen und Ihren Überzeugungen entspricht.

> Als Mitglied der Familie des Menschen verspreche ich, mich selbst und andere zu achten und meine Achtung in Worten und Taten auszudrücken. Ich verspreche, daß ich mein Tun und meine Entscheidungen auf ein besseres Leben ausrichten und nicht aufwärtsstreben will zu Unfähigkeit und Inkompetenz.
> Ich verspreche, daß ich meine Eigenart bewahren will.
>
> LAURENCE J. PETER

6. KAPITEL

Erkenne deine Hierarchie
oder
Die Leiter hinauf

> Wen die Götter vernichten wollen, den nennen sie «vielversprechend». CYRIL CONNOLLY

Bisher haben wir uns unter allgemeinen Gesichtspunkten mit Hierarchien beschäftigt. Jetzt, als fortgeschrittener Student der Hierarchologie, sind Sie gerüstet für ein mehr in die Tiefe gehendes Studium hierarchischer Systeme.

> Das Leben hält eine Konferenz ab. Bist du dabei?
>
> B. COPELAND

Aufstieg in Hierarchien wird in der Laiensprache als «die Leiter des Erfolges hinaufklettern» oder «die gesellschaftliche Stufenleiter emporsteigen» bezeichnet. Der allgemein übliche Vergleich der Hierarchie mit einer Leiter zeigt jedoch, daß das wahre Wesen der Hierarchien von der Allgemeinheit noch immer nicht richtig verstanden wird. Gewiß, eine Leiter hat bestimmte Eigenschaften mit einer Hierarchie gemeinsam. So benutzt man sie zum Beispiel, um aufwärts zu steigen, und je höher man steigt, um so größer ist die Gefahr eines Sturzes. Andererseits unterscheiden sich Hierarchien von gewöhnlichen Leitern grundlegend in dreifacher Hinsicht: 1. Die Stufenhöhe, der Abstand zwischen einer Sprosse und der nächsten, variiert. 2. Die Sprossen sind beweglich. 3. Über die Frage, ob man einen Schritt nach oben tut, entscheiden eine Anzahl verschiedener Beförderungsbedingungen.

DOWS GESETZ:

Für jede hierarchische Organisation gilt, je höher die Stufe, desto größer die Konfusion.

1. Stufenhöhe

Die Erziehungs-Hierarchie ist einer Leiter am ähnlichsten. Ein begabtes Kind sitzt normalerweise ein Jahr in jeder Klasse ab. Nur in Ausnahmefällen erlaubt man ihm, eine Klasse, ein Schuljahr zu überspringen. Umgekehrt muß ein Kind, wenn es nicht mitkommt, die Klasse, das ganze Schuljahr, wiederholen. Obwohl die Erziehungs-Hierarchie die Stufenhöhe einheitlich auf ein Schuljahr festgesetzt hat, kann in der Praxis die eine Stufe schwieriger sein als die andere. Ein überdurchschnittlich begabtes und unter günstigen Bedingungen aufwachsendes Kind wird die Stufen der Erziehungsleiter verhältnismäßig mühelos hinaufsteigen. Ein weniger begünstigtes Kind muß sich unter Umständen hart plagen und Klassen wiederholen oder schließlich sogar von der Schule abgehen, weil einige Stufen zu schwierig waren. Unterschiede dieser Art gibt es in jeder Hierarchie. Die Fähigkeit, eine Stufe zu erklimmen, ist keine Garantie dafür, daß man auch die nächste glücklich erreicht.

Ein anderer Aspekt der Stufenhöhe ist der tatsächliche Abstand zwischen den Stufen oder Sprossen. Der Durchschnittsschüler, der aufmerksam, fleißig und zuverlässig ist und seine Schulaufgaben pünktlich macht, wird auf der Grundschule und auf der Oberschule kaum Schwierigkeiten haben. Aber als Student wird er möglicherweise eine Überraschung erleben, vor allem in den höheren Semestern. An manchen Universitäten scheint man immer noch zu glauben, sechzehn oder mehr Jahre schematischer Wissensvermittlung machten aus einem jungen Menschen einen kreativen Wissenschaftler. Wo diese unrealistische Erwartung vorherrscht, muß der Student, der sich auf seine Examina vorbereitet, eine Stufe ungeahnter Höhe bewältigen und findet sich vielleicht plötzlich auf seiner Stufe der Unfähigkeit wieder. Zum Glück für Examinanden und Doktoranden ist diese Stufenhöhe an den meisten Universitäten reduziert worden. Die Vorbereitung auf das Examen ist eine Fortsetzung der schematischen Wissensaufnahme, und das Endziel ist eine Dissertation, die lediglich die statistische Bestätigung einer von einem unabhängigen schöpferischen Gelehrten gemachten Entdeckung ist.

Die durchschnittliche Dissertation zum Erlangen des Dr. phil. ist nichts anderes als eine Umbettung toter Gebeine von einem Friedhof auf einen anderen. J. FRANK DOBIE

Jeder Angehörige einer Organisation kann sich plötzlich auf die Stufe der Unfähigkeit versetzt sehen, wenn die Beförderung aus einem ungewöhnlich großen Schritt besteht. Jemand, der in bescheidenen Verhältnissen lebt und vernünftig mit seinem Geld umgeht, kann sich in finanziellen Dingen als unfähig erweisen, wenn er eine große Erbschaft macht. Ein tüchtiger Mann in einer militärischen oder politischen Hierarchie kann plötzlich Unfähigkeit an den Tag legen, wenn er vom Geführten zum Führenden befördert wird. Ein fähiger Wissenschaftler kann zu einem unfähigen Verwaltungsbeamten werden, wenn er zum Leiter eines Forschungsinstituts befördert wird. Alle diese Beförderungen führen zu plötzlicher Unfähigkeit, da sie neue Fähigkeiten voraussetzen, die von den Betroffenen bis dahin nicht verlangt wurden.
Durch Beförderungen kann man es nach und nach zu allerhöchster Unfähigkeit bringen. Ein Angestellter, der hervorragende Arbeit leistet und zum Abteilungsleiter befördert wird, ist für diesen Posten vielleicht nur mäßig befähigt. Rückt er mit der Zeit weiter auf und wird Mitglied der Geschäftsleitung, erweist er sich in dieser Position vielleicht schon als halbwegs unfähig. Damit kann er die höchste Stufe, die ihm auf der Leiter beschieden ist, erreicht haben, doch wenn die Umstände günstig sind, gelingt es ihm vielleicht, bis zu maximaler Unfähigkeit aufzusteigen. Als halbwegs unfähiger Geschäftsführer verwendet er Unmengen Zeit auf die Erledigung von Routinearbeiten. Doch mag er, wenn man ihm zusätzliche fähige Mitarbeiter zur Verfügung stellt, immerhin in der Lage sein, seine Aufgaben einigermaßen zu bewältigen. Als halbwegs unfähiger Direktor wird er vielleicht durch einen fähigen Mitarbeiterstab unterstützt. Und weil er immer noch fähig erscheint und jetzt über das zusätzliche Prestige verfügt, einem großen Mitarbeiterstab vorzustehen, wird er unter Umständen abermals befördert. Als Generaldirektor ist er vor allem für Entscheidungen über die Vorhaben und die Geschäftspolitik des Unternehmens verantwortlich. Damit hat er ein Maximum an Inkompetenz erreicht. Je höher er aufstieg, je mehr er sich von der Arbeit, der er gewachsen war, entfernte und in Positionen aufrückte, die Weitblick und abstraktes Denken verlangten, um so mehr büßte er seine Kompetenz ein. Man hört oft, daß ein Angestellter nach einer Beförderung seinen neuen Posten zunächst nicht ausfüllte, mit der Zeit aber hineinwuchs. Meine Untersuchungen solcher Fälle ergaben, daß dies in Wirklichkeit nur höchst selten zutrifft. Meist wird die Unfähigkeit des Beförderten von dessen Vorgesetzten vertuscht, die nicht zugeben wollen, daß die Beförderung

ein Fehler war. Man weist dem Beförderten tüchtige Untergebene zu und delegiert schwierige Aufgaben an andere Angestellte oder Abteilungen. Mit der Zeit ist der Posten so beschnitten, daß der Beförderte damit fertig wird. Er ist nicht «hineingewachsen» – man hat ihn ihm «angepaßt».

> Die erste und schlimmste aller Betrügereien ist der Selbstbetrug. Daneben wiegen alle anderen Sünden leicht.
>
> J. BAILEY

Erzieherische, politische und militärische Hierarchien sind im wesentlichen auf dem Peter-Prinzip beruhende Pyramidenstrukturen. Von der Basis ausgehend klettert der einzelne allmählich zu seiner Endstufe auf. Doch selbst innerhalb dieser Hierarchien existieren Vorurteile und Beschränkungen, die Angehörige bestimmter Minderheiten daran hindern oder es ihnen erschweren, die Spitze zu erreichen. Beim Militär zum Beispiel hatten Geistliche, Ärzte und Frauen bisher nur begrenzte Chancen, Truppenkommandeure zu werden. Und in der Politik haben Frauen, Intellektuelle und Schwarze bisher nicht die gleichen Chancen, in ein hohes Amt berufen zu werden, wie alle anderen.

Berufliche Barrieren führen oft zu hierarchischen Komplikationen. In Krankenhäusern zum Beispiel bilden die Ärzte eine Hierarchie, während das technische Personal, die Verwaltungsleute, die Schwestern, die Hausangestellten und die Hilfskräfte jeweils ihre eigene Hierarchie haben. Die tüchtigste Putzfrau wird nicht zur Krankenschwester oder Ärztin befördert, es sei denn, sie unterzieht sich einer umfassenden Ausbildung für den erstrebten Beruf. In anderen Situationen wiederum ist der Wechsel von einer Hierarchie zur anderen oder von einem Beruf zum anderen ein Kinderspiel. Ein Rechtsanwalt, ein Offizier, ein Geschäftsmann oder ein Schauspieler kann ohne weiteres Politiker werden und braucht sich dazu nicht erst ausbilden zu lassen.

Es ist wichtig, diese verschiedenen Arten der Stufenhöhe genau zu kennen. Nur so können Sie bei Ihren hierarchischen Manövern die nötige Flexibilität beweisen.

> Wissen ist Macht. FRANCIS BACON

2. Die bewegliche Sprosse

Es stimmt uns traurig, alte und ehrbare Gewerbe aussterben zu sehen. Der Wagenbauer, der Dorfschmied, der Stellmacher und der Peitschenmacher sind durch die technische Entwicklung überflüssig geworden. So mancher, der in den Jahren, als das Automobil nach und nach die Vorherrschaft übernahm, eines dieser Handwerke erlernte, mußte,

nachdem er seine Meisterprüfung abgelegt hatte, feststellen, daß die von ihm erklommene Sprosse sich verschoben hatte oder plötzlich ganz verschwand.
In den letzten Jahren haben Automation und Computer den Status mancher Berufe erheblich reduziert, andere Berufe ganz verdrängt und eine völlig neue Hierarchie von Fachleuten für elektronische Datenverarbeitung (EDV) geschaffen. Wollen wir bei dem Leiter-Vergleich bleiben, dann müssen wir uns eine Leiter vorstellen, bei der sich manche Sprossen nach oben oder unten verschoben haben, während andere entfernt und wieder andere hinzugefügt wurden.

> Nichts ist von Dauer – nur die Veränderung. L. BOURNE

D. Deadend war tief enttäuscht. Er hatte wider Erwarten Schwierigkeiten, eine feste Stellung zu finden. T. Middlegroove, der Berufsberater an der Berufsschule in Excelsior, den er aufsuchte, führte Deadends Scheitern auf dessen mittelmäßiges Abgangszeugnis zurück und darauf, daß er über keine gefragten Fertigkeiten verfüge. Er empfahl ihm, einen Schuhreparatur-Lehrgang mitzumachen. Deadend sagte zu seinen Freunden: «Jetzt lerne ich endlich ein Handwerk. Damit ist jedenfalls meine Zukunft gesichert.»
Deadend war geschickt und ausdauernd und legte am Ende des Lehrgangs eine gute Prüfung ab. Einige Zeit später berichtete er: «Ich finde nirgendwo Arbeit. Mein Gewerbe stirbt aus. Die Schuhreparaturwerkstätten in Excelsior gehen pleite. Nur noch alte Leute lassen ihre Schuhe reparieren, die jungen werfen sie einfach weg und kaufen sich neue.» Deadend hatte eine schwindende Sprosse erklommen.

> Das Leben ist wie eine Zwiebel: man schält eine Schicht nach der anderen ab, und manchmal weint man.
> CARL SANDBURG

In der Ehehierarchie sind schon seit langem die meisten Frauen davon befreit, Kühe zu melken, zu buttern, das Feuer zu schüren, Bettwäsche zu flicken oder Lebensmittel einzukochen. Viele brauchen nicht einmal mehr den Besen zu schwingen oder das Staubtuch zu schütteln oder Gemüse zu putzen. Der Fernsehapparat ist zugleich Babysitter und Märchenerzähler. Von der modernen Frau erwartet man, daß sie sich auf höherem Niveau betätigt. Der nach oben verschobenen Sprosse entsprechend ist sie jetzt die Finanzverwalterin der Familie, Kinderpsychologin und Karrierefrau. Viele Frauen, die in alten Zeiten tüchtige Ehefrauen abgegeben hätten, erreichen mit dieser höheren Sprosse ihre Stufe der Unfähigkeit.
Nur wenige Ehemänner müssen heute noch Land urbar machen, Pferde anspannen, Holz hacken oder ähnliche altmodische Arbeiten verrich-

ten. Der moderne Ehemann steht auf einer Sprosse, wo hohe Ansprüche an seine strategischen, diplomatischen, finanziellen und sexuellen Fähigkeiten gestellt werden. So erleben wir, daß Ehen heutzutage leichter scheitern als in Zeiten, da es in der Ehehierarchie weit mehr Sprossen gab.

> Die Ehe ist eine Lotterie – nur kannst du dein Los nicht zerreißen, wenn du eine Niete gezogen hast. F. KNOWLES

Die bewegliche Sprosse wirkt sich auf zweierlei Weise aus: 1. Mit dem Verschwinden der *unteren* Sprossen einer Hierarchie wächst die Wahrscheinlichkeit, daß für jeden Neuling die Anfangsplazierung zugleich die Endplazierung ist. 2. Mit der Entfernung der *mittleren* Sprossen einer Hierarchie werden die Lücken zwischen den verbleibenden Sprossen immer größer. Und je größer der Schritt, der bei einer Beförderung zu bewältigen ist, um so schwieriger wird der Übergang von den ehemaligen zu den neuen Pflichten und um so mehr erhöht sich die Wahrscheinlichkeit, daß jede Beförderung zu einer Stufe der Unfähigkeit führt.

> Erfolg ist vielversprechend, bis man ihn errungen hat: dann aber gleicht er dem Nest vom letzten Jahr, von dem die Vögel ausgeflogen sind. HENRY BEECHER

3. *Beförderungsbedingungen*

In den Zeiten des Feudalismus lebten viele Menschen möglicherweise deshalb so zufrieden, weil das System keine Beförderung kannte und sie auf diese Weise ein Leben lang auf einer Stufe der Fähigkeit blieben.

> Gott segne den Gutsherrn und die ihn achten,
> Und lasse uns nicht nach Höherem trachten.
>
> ALTES GEBET

Moderne hierarchische Systeme lassen den einzelnen von unten her aufrücken, um so die durch Pensionierungen, Entlassungen, Todesfälle und Beförderungen in den oberen Rängen entstandenen Lücken zu füllen. Außerdem neigt man dazu, mehr als ein Minimum von Beförderungen vorzunehmen, um so nach Möglichkeit die Leistung der Organisation zu steigern (wenn drei Geschäftsführer nützlich sind, müssen sechs besser sein) und um die Angestellten anzuspornen und bei Laune zu halten (wenn selbst Maude Lynne befördert wird, habe ich auch noch Chancen).

> So laßt uns denn bereit sein und handeln, auf jedes Schicksal gefaßt. HENRY LONGFELLOW

Beförderung auf Grund der Leistung (output). In Organisationen, in denen nach meßbaren Arbeitsergebnissen festgesetzte Leistungsmaßstäbe angewendet werden, ist es möglich, die Beförderung eines Angestellten davon abhängig zu machen, wieweit er die gesetzten Ziele erreicht. Hier wird *Fähigkeit* definiert als *Bewältigung einer Arbeit in einer Form, die zu dem gewünschten Ergebnis führt.* Dieses System ist nicht sehr weit verbreitet, da es äußerst schwierig ist, Ziele zu definieren und eine Arbeitsleistung zu bewerten.

> Es ist besser, ein Niemand zu sein, der etwas vollbringt, als ein Jemand, der nichts vollbringt. A. PUNDIT

Beförderung auf Grund des Aufwands (input). Wenn ein Angestellter geschätzt wird, weil er pünktlich und pedantisch ist, die Vorschriften befolgt und das hierarchische Ritual respektiert, immer dem Chef beipflichtet und über dessen Witze lacht, stets freundlich lächelnd zu seinen Vorgesetzten aufblickt und die bürokratischen Spielchen mitspielt, dann wird er nach seinem Aufwand bewertet. Hier wird *Fähigkeit* definiert als *Beitrag zum reibungslosen internen Funktionieren der Organisation.*

> Ehrgeiz veranlaßt die Menschen oft, die niedersten Dienste zu verrichten: so wird ihr Klettern zum Kriechen.
> JONATHAN SWIFT

Beförderung auf Grund von Bevorzugung. Hier muß man wiederum zwischen zwei Grundformen der Bevorzugung unterscheiden, der klischeehaften und der heimlichen Bevorzugung. Bei der klischeehaften Bevorzugung sind die Eigenschaften, die als Fähigkeit gewertet werden, allgemein bekannt. Ihre Förderung kann sogar erklärter Leitsatz der Personalpolitik sein. Manche Firmen haben etwas dagegen, dicke Männer zu befördern, andere befördern ausschließlich Mitarbeiter, die sich in einem von der Firma gebilligten Stil kleiden. Hier wird *Fähigkeit* definiert als *Anpassung an das Firmenklischee.*

Heimliche Bevorzugung beruht auf den persönlichen Vorlieben, Abneigungen und verborgenen Wertvorstellungen derer, die die Macht haben. So stellte zum Beispiel J. Mandible, Direktor der Lederwarenfabrik Mandible, seinen Schwiegersohn, A. Wedman, als Geschäftsführer ein. T. Nightingale, der als Tenor in Mandibles Kirchenchor mitsang, wurde vom Hilfsarbeiter im Rohlederlager zum Expeditionsassistenten befördert. J. Treadright, der im Wahlkampf für den von Mandible bevorzugten Kandidaten die Werbetrommel rührte, wurde vom Fließbandarbeiter zum Vorarbeiter befördert. Alle diese Beförderungen wurden auf Grund heimlicher Bevorzugung ausgesprochen, denn nirgendwo stand geschrieben, daß Beförderungen etwas damit zu tun hatten, wen man heiratete, wo man sang oder wie man wählte. Hier wurde *Fähigkeit* definiert als *das Talent, die persönlichen Vorlieben des Vorgesetzten herauszufinden und ihnen zu schmeicheln.*

> Macht korrumpiert. Absolute Macht korrumpiert absolut. LORD ACTON

Beförderung auf Grund des Dienstalters. Gewerkschaften und Berufsverbände treten für die Beförderung nach Dienstalter ein, um so der Ungerechtigkeit der Beförderungen auf Grund von Bevorzugung entgegenzuwirken. Frühe Versuche, diese Methode in ihrer reinen Form anzuwenden, hatten ernste Folgen.

Um die Jahrhundertwende wurden die einzelnen Mitglieder der Feuerwehr von Excelsior nach der Gunst der Stadtväter eingestellt, befördert oder gefeuert. Die Ortsgruppe der Internationalen Vereinigung der Brandschutzarbeiter und Leiterkletterer forderte mit Erfolg Arbeitsschutz und Beförderung nach Dienstalter. Drei Monate später erreichte der Branddirektor die Altersgrenze und wurde in den Ruhestand versetzt. Sein Stellvertreter, der für den Posten des Branddirektors vorbereitet worden war, rechnete natürlich mit seiner Beförderung. Aber auf Grund der Bestimmungen für Beförderung nach Dienstalter wurden der Stellvertreter, die vier Brandinspektoren und sämtliche Brandmeister übergangen, und J. Doddring, der nur zwei Wochen vor seinem 65. Geburtstag stand, wurde als dienstältester Beamter der städtischen Feuerwehr zum Branddirektor ernannt.

Der stellvertretende Branddirektor war verärgert und ließ sich in den Ruhestand versetzen. Stan Patt, sein Nachfolger, war nur um drei Tage jünger als Doddring und stand ebenfalls vor der Pensionierung. Während die 420 Angehörigen der städtischen Feuerwehr von Excelsior im Durchschnitt von der Einstellung bis zur Pensionierung fünfunddreißig Jahre dienten, betrug die durchschnittliche Amtszeit der Branddirektoren jetzt nur noch einen Monat, und in den anderen Rängen war es ähnlich.

Durch Bestimmungen, wie sie bei der Feuerwehr von Excelsior herrschten, und ähnliche Beförderungssysteme wird *Fähigkeit* definiert als *die Fähigkeit zu überleben.*

Wo Beförderungen nach Dienstalter erfolgen, ist die Einstellung der Angestellten von Vorsicht geprägt: «Bloß kein Risiko!», «Sei vorsichtig!», «Laß das doch Georg machen!» Zu diesem Mangel an Zivilcourage kommt oft ein hohes Maß Zufriedenheit, weil unter solchen Verhältnissen jeder Chef werden kann. In Excelsior gingen vorübergehend die Kosten für den Unterhalt der Feuerwehr leicht zurück. Die vorsichtige Haltung der Feuerwehrleute hatte dazu geführt, daß sie sich weniger Verletzungen zuzogen und daß infolgedessen weniger Unfallgelder gezahlt werden mußten. Ihr übervorsichtiges Vorgehen bei der Brandbekämpfung verminderte andererseits ihre Effizienz. Die Feuerversicherungsprämien wurden in Excelsior drastisch erhöht. Aus den erwähnten Gründen wird das System der Beförderung nach Dienstalter fast nie ausschließlich angewendet.

> Traditionalisten blicken pessimistisch in die Zukunft und sind Optimisten, was die Vergangenheit betrifft.
>
> L. MUMFORD

Beförderung auf Grund mitbestimmter Auswahl. Nach den bisher angeführten Beispielen sieht es so aus, als sei jede Beförderung eine autoritative Entscheidung, als komme die Auswahl immer von oben. Das trifft freilich nicht ganz zu. Oft wird der Beförderungskandidat vorher gefragt, wie er über eine Beförderung denkt. Doch auch wenn er an der Entscheidung beteiligt ist, bedarf sie, ehe die Beförderung ausgesprochen wird, der Billigung seiner Vorgesetzten. Die meisten modernen Managementexperten lehnen die autoritative Unternehmensführung ab und preisen die Vorzüge der Mitbestimmung. Sie gehen offenbar von der unsicheren Annahme aus, daß der Beförderte imstande sein wird, seine eigene Kompetenzstufe zu erkennen. *Fähigkeit* wird bei diesem Beförderungssystem definiert als *die Fähigkeit des Beförderungskandidaten, die eigene Leistung mit einem angemessenen Grad von Objektivität zu beurteilen.*

> Ein Idealist ist jemand, der, wenn er bemerkt, daß eine Rose besser riecht als ein Kohlkopf, den Schluß zieht, sie werde auch die bessere Suppe ergeben.
>
> HENRY LOUIS MENCKEN

Der Peter-Pein-und-Pläsier-Prozeß

Am häufigsten werden mir die Fragen gestellt: «Warum schindet sich der Mensch und strebt immer weiter vorwärts und aufwärts, wenn es doch, ließe er davon ab, so vieles zu genießen gäbe?», «Warum will der Mensch seinen Mitmenschen übertrumpfen?», «Warum nimmt der Mensch jede Herausforderung, seine Macht zu erweitern, an? Warum ist er so darauf aus, einen Zweitwagen, ein zweites Boot und ein Ferienhaus zu besitzen, eine größere Bomhe zu bauen und zum Mond zu fliegen?» Die Antwort auf diese Fragen ist leicht gefunden. Man braucht sich dazu nur einige Grundwahrheiten klarzumachen.

Wenn eine Verhaltensweise Lohn einträgt oder Befriedigung verschafft, so wird sie immer mehr zunehmen. Wenn sie dagegen Leid oder Unbehagen einbringt, wird sie immer mehr abnehmen. Dieser Prozeß ist die Grundlage des Lernens, von der einfachsten Tierdressur bis zur

höchsten Stufe rationalen oder wissenschaftlichen Denkens.
Solange Verhaltensweisen auf den Peter-Pein-und-Pläsier-Prozeß reagieren, sind sie anpassungsfähig und werden das Lebewesen, das sie an den Tag legt, lebendig erhalten. Eine Erstarrung tritt ein, wenn die Verhaltensweisen autonom oder so verinnert werden, daß sie trotz ihrer destruktiven Folgen fortdauern.

> Die wahre Frage körperlicher und geistiger Gesundheit ist beim Menschen wie auch bei den Tieren die, wie gut er seine Arbeit zu tun und sein Leben zu genießen vermag und wie lebenskräftig er noch ist. LIN YUTANG

Jetzt wollen wir untersuchen, was geschieht, wenn die Hierarchien des zivilisierten Menschen erstarren.
Das Kind wächst in einer Familie auf, die mit anderen Familien konkurriert. Seine Eltern versuchen, andere Eltern zu übertrumpfen: sie kaufen ihm schönere Spielsachen oder bessere Kleidung, schicken es in einen exklusiveren Kindergarten, gehen mit ihm zu einem berühmteren Kinderarzt oder lassen ihm eine bessere kieferorthopädische oder psychiatrische Behandlung angedeihen. Jeder Erfolg des Kindes, beim Trockenwerden, beim Gehenlernen, im Vorschulunterricht, löst bei seinen Eltern Anerkennung, Bewunderung und Liebe aus.
Bis es zur Schule kommt, hat das Kind gelernt, daß es ein Konsument ist und daß Geschenke und Vergnügen mit Freundlichkeiten, Liebkosungen und Lob verknüpft sind. Es lernt, daß man seinen Wert mit dem Erwerb von Besitz in Zusammenhang bringt. Und ebenso lernt es, daß sein Wert von den anderen mit seinen Leistungen in Verbindung gebracht wird.
Die Schule ermöglicht ihm die perfekt systematisierte Anwendung des Peter-Pein-und-Pläsier-Prozesses zum Erlernen strebsamen Verhaltens. Schulaufgaben, Klassenarbeiten werden sorgfältig mit Noten versehen, damit das Kind stets genau weiß, wieviel Beifall seiner Leistung zuerkannt wird. Sein Status bei seinem Lehrer, seinen Klassenkameraden und seiner Familie hängt von seiner Leistung in der Schule ab. Die Schule selbst ist die vollendete Hierarchie. Über die Fähigkeit des Erstkläßlers entscheidet seine Versetzung in die zweite Klasse, und so fort, bis er die Abschlußklasse mit seiner Zulassung zum Universitätsstudium verläßt oder «seitlich ausschert», weil er seine Stufe der Unfähigkeit erreicht hat.
In den Jahren seiner Ausbildung und Abrichtung auf ständige Aufwärtsbewegung wird er konsequent für strebsames Verhalten belohnt – sei es, daß er Prüfungen besteht, gute Noten erntet, Preise oder Stipendien erhält und seine Kommilitonen in wissenschaftlichen Fächern, im Sport, im Debattieren und in gesellschaftlichen Aktivitäten aussticht.

So beharrlich wird er ermuntert, die hierarchische Leiter hinaufzuklettern, daß es ihm schließlich zur zweiten Natur wird und sich von nun an wie ein Automatismus vollzieht.

> Vielleicht ist das wertvollste Ergebnis aller Erziehung die Fähigkeit, sich dahin zu bringen, daß man das, was getan werden muß, tut, wenn es getan werden sollte, ob man es gern tut oder nicht. Das ist die wichtigste Lektion, die man lernen muß. THOMAS H. HUXLEY

Tritt er dann nach bestandenem Examen in die Welt der Arbeit ein, läßt er den Einfluß des Elternhauses, der Schule und der Universität nicht etwa hinter sich. Eine Stellung zu finden, befördert zu werden, Gehaltserhöhungen zu bekommen, die eigenen Leistungen zu verbessern – das alles verschafft Befriedigung und «lohnt» insofern die Mühe. Diese wilde Jagd nach Prestige und Besitz läßt sich am besten mit dem sogenannten «Rattenrennen» vergleichen: man kann Ratten durch systematische hierarchische «Bekräftigung» dazu bringen, daß sie fortgesetzt sinnlos herumrasen in einem endlosen Wettrennen mit ihren Käfiggenossen. Der zivilisierte Mensch hat sich ein Fallensystem geschaffen, in dem er fortwährend nach mehr strebt und keiner Herausforderung, wie sinnlos sie auch sein mag, widerstehen kann.

> Wie Hunde auf einem Tretrad, Vögel in einem Käfig oder Eichhörnchen an einer Kette, so klettern ehrgeizige Menschen unter großer Mühe und in ständiger Angst immer weiter, ohne je die Spitze zu erreichen. H. BURTON

Aufstreben ist an sich kein Übel, sofern es dem Leben, der Sicherheit oder einem ästhetischen oder humanitären Zweck dient. Aber ein Eskalieren, das zu erhöhtem Blutdruck, Magengeschwüren, einem Wettkampf mit dem Nachbarn, dem Erwerb ungenutzten Besitzes, zur Zerstörung der Umwelt und zu einem Übermaß an Reichtum und Macht führt, ist schädlich für das Leben.

> Es ist großartig, ein bedeutender Mensch zu sein, aber es ist großartiger, ein menschlicher Mensch zu sein.
> WILLIAM ROGERS

Unser Elternhaus, unsere Schulen, unsere ganze Gesellschaft haben uns systematisch dressiert, um Prozessionsmarionetten aus uns zu machen. Sofern sich nicht irgendeine andere Kraft im Leben des einzelnen durchsetzt, wird er immer weiter aufwärtsstreben, bis Tod, Altersschwäche oder Zwangspensionierung diesem Kampf um des Kampfes willen ein Ende setzen.

> Die Höhe unseres Ehrgeizes erreichen zu wollen gleicht dem Versuch, den Regenbogen zu berühren. In dem Maße, in dem wir vordringen, weicht er zurück.
>
> EDMUND BURKE

Wer diese Realität einmal durchschaut hat, wird vielleicht beschließen, aus dem «Rattenrennen» auszuscheiden und ein neues, lohnenderes Leben zu beginnen. Viele junge Menschen weigern sich heutzutage, bei dem Eskalations-Spiel mitzumachen. Das Verhalten der älteren Generation ist für sie der exemplarische Ausdruck des Peter-Prinzips. Sie können für die etablierten Hierarchien keine Begeisterung aufbringen, und daher versuchen sie sich in anderen Lebensstilen.

> In unserer Welt wissen die Menschen nicht, was sie wollen, und sind doch bereit, durch die Hölle zu gehen, um es zu kriegen.
>
> DONALD MARQUIS

Menschen, die die verschiedensten Lebenswege gegangen sind, haben mir von dem Augenblick der Wahrheit erzählt, in dem sich bei ihnen die Kräfte der Vernunft durchgesetzt haben. Einem von ihnen, einem Geschäftsführer, war eine Beförderung angeboten worden. Das veranlaßte ihn, über das Ziel seines Lebens nachzudenken, und als er die Vorteile der höheren Stellung zu erkennen suchte, wurde ihm plötzlich die Hohlheit des ganzen Systems bewußt. Je klarer er sah, um so deutlicher wurde ihm, daß sein Leben mancherlei Befriedigung für ihn bereithielt, daß er nur zuzugreifen brauchte – von da aus, wo er war. Er liebte seine Familie und hatte viel Freude an ihr. Er erkannte, daß er, wenn er sich auf die Beförderung einließ, weniger Zeit für seine Kinder haben würde. Es gab andere und wichtigere Dinge, die er für sie tun konnte, als mehr Geld heranzuschaffen. Er hatte plötzlich die Entdekkung gemacht, daß er, wenn er nur wollte, zum Lebenskünstler werden konnte. Er sagte mir, daß sein Familienleben seither noch glücklicher sei, daß es ihm gesundheitlich besser gehe und er seinen Seelenfrieden gefunden habe. Das Zeugnis dieses Mannes verriet, daß er sein eigenes Peter-Programm gefunden hatte. Er hatte sich vom Prozessionsverhalten abgekehrt und schritt einer wahrhaft menschlichen Erfüllung entgegen.

> Die größte Lebensleistung besteht darin, sich immer wieder zu erneuern, bis man am Ende weiß, wie man leben soll.
>
> W. RHODES

Die Prozessionsmarionette ist nicht in der Lage, das System zu bekämpfen, von dem sie in ihrem Verhalten bestärkt wird. Ihr Tag der Unabhängigkeit ist vorüber, und schon bei der ersten Andeutung eines in ihr aufsteigenden unabhängigen Gedankens empfindet sie Schuld und Scham. Da sie solche Gedanken für illoyal hält, unterdrückt sie ihre persönliche Eigenart und reagiert äußerst scharf, wenn andere Kritik am Establishment üben.

Der menschliche Mensch braucht Mut und Unabhängigkeit, da die Ideen und Überzeugungen, für die er eintritt, oft im Widerspruch zu den Wertbegriffen des Establishments stehen.

> Ihr Name ist öffentliche Meinung. Sie wird hoch in Ehren gehalten. Sie bestimmt alles. Manche meinen, sie sei die Stimme Gottes. MARK TWAIN

Das Prozessionsverhalten ist so tief verwurzelt, daß es eines starken gesunden Menschenverstandes bedarf, um ihm entgegenzuwirken. Etwas nachdenkliche Menschen kommen wahrscheinlich eher dahinter, daß eine ständige Eskalation von Reichtum und Macht den Menschen ebenso abträglich ist, wie es den Dinosauriern die ständige Zunahme an Körpergröße oder den Säbelzahntigern die immer größeren Fangzähne waren.

> Der Geist der Zeit ist von Verachtung für das Denken erfüllt. ALBERT SCHWEITZER

Unglücklicherweise setzt sich bei den meisten Menschen die Kraft der Vernunft erst durch, wenn sie einen Schock erlitten haben. Gewöhnlich bedarf es einer größeren persönlichen Tragödie, um den Sinn für die wahre Schönheit des Lebens zu wecken. Zu einer typischen Offenbarung kommt es oft, wenn jemand sich jahrelang in der Hierarchie emporgekämpft, beruflich Erfolg gehabt, sich einen Status errungen und Besitz erworben hat und nun plötzlich durch eine Krankheit aus der Bahn geworfen wird. Die erzwungene Untätigkeit und die oft lebensgefährliche Krankheit bewegen ihn dazu, jeden Tag darauf zu prüfen, was er ihm bietet. Ob er die Schönheit eines Sonnenuntergangs wahrnimmt oder die Anteilnahme seiner Nächsten fühlt, ob er erneut die Freude der Sinne am Duft einer Rose, am Geschmack des Honigs oder am Klang heiteren Lachens empfindet – er lebt plötzlich bewußter. Er erkennt, was ihm am meisten in seinem Leben bedeutet – Liebe, Freundlichkeit und Güte, Schönheit, Taten der Nächstenliebe. Wenn er wieder gesund wird, versucht er vielleicht, sein Leben zu gestalten und Erfüllung zu finden, doch ebenso kann es sein, daß er wieder in sein Prozessionsverhalten verfällt.

> Die Qualität, nicht die Dauer des eigenen Lebens ist das, worauf es ankommt. MARTIN LUTHER KING JR.

Das Zeugnis vieler Menschen, die das Leben nicht zu schätzen wußten, bis ein persönliches Unglück sie zum Nachdenken brachte, hat mich davon überzeugt, daß unsere Schulen und unsere Gesellschaft versagen, indem sie es versäumen, uns zu lehren, wie man eine sinnvolle Einstellung zum Leben findet.

> Wenn Unglück zu den Menschen spricht,
> Erwacht der Geist und blickt ins Licht.
>
> LAURENCE J. PETER

PETER-PROGRAMM PUNKT 9

Das Peter-Profil: *Erforschen Sie Ihre Vergangenheit*

Ziehen Sie sich mit etwas Muße irgendwohin zurück, wo Sie sich entspannen und ungestört über Ihre Vergangenheit nachdenken können. Lassen Sie sich von Ihren Gedanken zurücktragen zu Ihren frühesten Erinnerungen an das befriedigende Gefühl, das Sie empfanden, wenn Sie Lob oder andere Belohnungen empfingen. Und identifizieren Sie, während Sie diese Erfahrungen noch einmal durchleben, die Einflüsse, die Ihr strebsames Verhalten geformt haben. Wenn Sie verstehen, wie sich Ihr Konkurrenzdenken entwickelt hat, werden Sie mehr bewußte Kontrolle darüber gewinnen.

> Mögest du alle Tage deines Lebens leben.
>
> JONATHAN SWIFT

PETER-PROGRAMM PUNKT 10

Die Peter-Probe:
Prüfen Sie die Annehmlichkeiten, die Sie in Ihrem gegenwärtigen Verhalten bestärken

Der Peter-Pein-und-Pläsier-Prozeß beeinflußt auch Ihr Verhalten, ob Sie sich dessen bewußt sind oder nicht. Identifizieren Sie die Dinge, die Ihnen Genugtuung bereiten oder Sie bestärken, und prüfen Sie sie genau, damit Sie frei entscheiden können, ob Sie weiter für diese Belohnung arbeiten möchten.

> Das größte Glück, das dir zuteil werden kann, ist das Bewußtsein, daß du nicht unbedingt Glück brauchst.
>
> WILLIAM SAROYAN

Owen Thinker, ein aufstrebender junger Professor für Soziologie am College in Excelsior, legte eine wissenschaftliche Arbeit mit dem Titel «Gesellschaftliche Aktionen und ökologische Reform» vor, die zum Manifest des Naturschutzvereins von Excelsior wurde. Der Rektor des College äußerte Owen Thinker gegenüber, Lehrfreiheit sei zwar ein Eckpfeiler des College und man könne ihn, Thinker, nicht daran hindern, Arbeiten zu verfassen oder zu veröffentlichen, doch müsse er ihn darauf hinweisen, daß ausgerechnet seine Schrift die Bürgerinitiative angespornt habe, eine gerichtliche Verfügung zu erwirken, die es der Beachslic Oil Company untersage, vor der Küste Bohrungen vorzunehmen. Der Rektor ermahnte Thinker, die Folgen zu bedenken. Jeremiah Beachslic gehörte dem College-Kuratorium an, und die Beachslic Oil hatte dem Ingenieur-Department die Raffinerie-Modellanlage gestiftet. Auch erinnerte der Rektor daran, daß Thinker alle Aussichten habe, Dekan der sozialwissenschaftlichen Fakultät zu werden, doch wenn er sein Verhalten nicht ändere, werde die Ernennung an Professor D. Kaye gehen, der sich nie in gesellschaftliche Tagesfragen eingelassen habe.

Owen Thinker hatte immer viel für Geld übrig gehabt und auf weitere Beförderungen und Gehaltserhöhungen gehofft. Er ging mit sich zu Rate und prüfte seine gegenwärtige Lage. Was konnte er mit mehr Geld erreichen? Sein Leben würde sich dadurch nicht wesentlich ändern. Er kam zu dem Schluß, daß mehr Geld, ein höherer Status und Beachslics Beifall nicht die Erfüllung für ihn sein würden und daß er in Wirklichkeit ja schon reich genug war.

> Die Götter sind diejenigen, die entweder Geld haben oder keines wollen. L. BUTLER

PETER-PROGRAMM PUNKT 11

Die Peter-Prolongation: *Stellen Sie die Vorteile der hierarchischen Stufen über der Ihren fest*

Prüfen Sie sorgfältig alle Vorteile einer Beförderung, damit Sie nicht ein Opfer zu hoher Erwartungen oder leerer Versprechen werden. Wie würde sich Ihr Leben auf Grund dieser Vorteile ändern? Würden sie Sie in Ihrem Streben nach weiterem materiellem Gewinn bestärken? Würden sie Ihnen dauerhafte Zufriedenheit und Seelenfrieden bringen? Ziehen Sie bei der Peter-Prolongation auch die Entdeckung in Betracht, die Sie beim Nachdenken über das Peter-Profil gemacht haben. Die Peter-Prolongation dürfte Ihnen helfen zu entscheiden, wann und wo Sie mit dem Eskalieren aufhören sollten, um dauerhafte Freude und Befriedigung zu finden.

Ein andres ist, versucht zu sein,
Ein andres fallen. WILLIAM SHAKESPEARE

PETER-PROGRAMM PUNKT 12

Der Peter-Puffer:
Machen Sie sich frei von unsachlichen Einflüssen

Manche Menschen sind nur ein Spiegelbild der allgemeinen Normen ihrer Gesellschaft und begreifen einfach nicht, warum sie sich irgendwie unzufrieden fühlen und unter Identitätsproblemen leiden.

> Reden wir uns nicht ein, daß die beste Wahrheit immer in der Mäßigung, beim ehrbaren Durchschnitt liegt. So wäre es vielleicht, wenn sich das Denken der Mehrzahl der Menschen nicht auf einer weit niedrigeren Ebene als nötig bewegte. MAURICE MAETERLINCK

Tim Iddly paßte sich stets an und versuchte, Konflikten aus dem Weg zu gehen, indem er jedermann beipflichtete. Er kaufte nur bekannte Markenartikel und ging nur ins Kino, wenn er eine positive Kritik über den gerade laufenden Film gelesen hatte. Er war mit seinem Chef, Ty Kune, stets einer Meinung und lachte jedesmal herzlich, wenn Kune einen seiner uralten Witze erzählte. Bei der Wahl eines Produkts ließ er sich von den Werbesprüchen berühmter Filmschauspieler beeinflussen. Er kam nicht darauf, daß allein schon das chaotische Privatleben vieler dieser Leute auf einen Mangel an Urteilskraft schließen ließ. Tim Iddly ließ die Gesellschaft sein Verhalten formen und wunderte sich, als er mit der Gesellschaft nicht mehr fertig wurde.

> Wer sich selbst zurechtstutzt, um es jedermann recht zu machen, von dem ist bald nicht mehr viel übrig.
> RAYMOND HULL

Massenproduktion, Massenwerbung, Massenkonsum und Massenmarotten haben eine allgemeine Geschmacksnivellierung und eine Abkehr vom Individualismus diktiert. Die entpersönlichte, mechanistische Gesellschaft ist auf dem Vormarsch. Wir alle müssen ihre Einflüsse erkennen und analysieren, um sie in jenen Bereichen unseres Lebens abwehren zu können, wo Individualität noch möglich ist.

> Das Schicksal legt oft alle Zutaten des Glücks in eines Menschen Hand, nur um zu sehen, wie elend er sich mit ihnen macht. DONALD MARQUIS

PETER-PROGRAMM PUNKT 13

Peter-Polka: *Der Seitwärtsschritt zum Erfolg*

Die meisten Institutionen lassen es von sich aus nicht zu, daß jemand über seine erste Stufe der Unfähigkeit hinaus aufsteigt. Allerdings zeigt die Geschichte, daß die meisten Männer, die große Führer wurden, unfähige Gefolgsleute waren. Als Kinder hatten sie Ärger mit ihren Lehrern und verstießen ständig gegen die Vorschriften. In den Anfängen ihrer Laufbahn wurden sie wegen Insubordination entlassen. Solche Menschen würden unter normalen hierarchischen Bedingungen niemals eine führende Position erreichen, aber in Kriegszeiten oder Zeiten großer gesellschaftlicher Umwälzungen ist das normale Beförderungssystem oft gestört, und der arme Gefolgsmann wird befördert und wird ein großer Führer. So ernennt vielleicht eine politische Partei in höchster Verzweiflung einen unbekannten Außenseiter zu ihrem Kandidaten. Oder in der Hitze des Gefechts übernimmt ein Mann, der sich als qualifizierte Führungskraft entpuppt, das Kommando. In solchen Situationen geschieht es, daß der Beförderte seine Stufe der Unfähigkeit überspringt oder umgeht und auf diese Weise seine Stufe der Fähigkeit erreicht.

Einige unserer größten Schriftsteller scheiterten auf der Universität beim Studieren ihrer Muttersprache und hatten Schwierigkeiten, Stellungen als Journalisten zu bekommen. Aber später, als sie ihre Werke veröffentlicht hatten, wurde ihr Genie erkannt.

> Denke daran, keiner kann dich ohne deine Zustimmung dazu bringen, daß du dir minderwertig vorkommst.
>
> ELEANOR ROOSEVELT

Kent Wright kam für eine weitere Beförderung nicht mehr in Frage, da er Schwierigkeiten mit der Büroarbeit und dem täglichen Kleinkram hatte. Als einmal, während einer Grippe-Epidemie, Not am Mann war, wurde er beauftragt, in einem dringenden Fall die Verhandlungen zu führen. Als stellvertretender Geschäftsführer bewies er Verhandlungsgeschick und seine überragende Fähigkeit, Entscheidungen zu treffen. Er wurde in die Geschäftsleitung berufen und delegiert heute bereitwillig allen Kleinkram an seine Untergebenen.

> Es gibt etwas, das sehr viel seltener zu finden, etwas, das weitaus wertvoller, etwas, das rarer als Fähigkeit ist: die Fähigkeit, Fähigkeit zu erkennen. ELBERT G. HUBBARD

Art Pastel war ein hochbegabter Maler, aber er hatte den Ehrgeiz, Kunsterzieher zu werden. Unglücklicherweise bekam er die Zulassung für das Lehramt nicht, da er bei den Prüfungen in Mathematik versagte.

Daraufhin wechselte Art Pastel vom Excelsior College zum Trifler Technical College über und belegte den von Professor Greg Arious geleiteten Mathematiklehrgang. Er kam genau zum richtigen Zeitpunkt. Greg Arious hatte gerade seinen neunten Marathonkurs für Sensitivitytraining hinter sich. Und er war so begeistert und engagiert, daß seine Vorlesungen in der Hauptsache aus Gruppentraining bestanden. Art war der sensibelste, aufgeschlossenste, offenste und am wenigsten gehemmte Student der Gruppe. Er überstand den Lehrgang mehr oder weniger ohne Mathematik und erhielt am Ende seinen akademischen Grad. Er setzte sein Studium am Excelsior College fort und legte die Prüfung für das Lehramt ab. Art Pastel hatte eine Peter-Polka um sein Unfähigkeitsgebiet getanzt und gibt heute glücklich und zufrieden Kunstunterricht. An Mathematik verschwendet er keinen Gedanken mehr.

> Jeder Mensch muß seinen eigenen Weg entdecken.
>
> JEAN-PAUL SARTRE

Don E. Brook, Schuhverkäufer im Warenhaus Locount, war in Fragen der Verkaufsmethoden fast immer anderer Meinung als seine Vorgesetzten. Die Abteilungsleiter ärgerten sich über seine ständige Kritik und verhinderten, daß er befördert wurde. Brook trat der Anti-Umweltverschmutzungs-Liga von Excelsior bei und wurde zum Vorsitzenden gewählt. Er veranstaltete eine spektakuläre und erfolgreiche Kampagne, bei der er den Leuten die Idee einer sauberen Stadt verkaufte. Die Direktion des Warenhauses Locount war so beeindruckt von D. E. Brooks Führungsqualitäten, daß sie ihm den Posten des stellvertretenden Direktors für Marketing anbot. Brook akzeptierte. Seine neue Position in der Firmenhierarchie entsprach genau seinen Fähigkeiten.

> Wer eine neue Idee hat, ist ein Spinner, bis die Idee einschlägt.
>
> MARK TWAIN

7. KAPITEL

Erkenne deine Richtung
oder
Sieh hin, ehe du springst

Des Menschen Wünsche sind sein Himmelreich.

THOMAS MOORE

Das Endziel des Peter-Programms ist es, Ihnen dabei zu helfen, einen Weg einzuschlagen, der zu einem lohnenderen Leben hinführt. Eine gründliche Prüfung der Dinge, die in Ihrem Leben Vorrang haben, wird Sie ein gutes Stück weiterbringen. Konzentrieren Sie sich auf einige der bedeutsamen Faktoren, die Ihre Richtung beeinflussen.

Mein Interesse richtet sich auf die Zukunft, denn in ihr werde ich mein weiteres Leben verbringen.

CHARLES F. KETTERING

PETER-PROGRAMM PUNKT 14

Die Peter-Persönlichkeit: *Entwerfen Sie ein Bild der Persönlichkeit, die Sie gern sein würden*

Das Bild, das Sie von sich haben, hat viele Facetten. Dazu gehört zum Beispiel, wie Sie ihren Körper und Ihre physischen Fähigkeiten empfinden, wie Sie Ihre gesellschaftliche Situation sehen, wie Sie Ihre sexuellen Möglichkeiten einschätzen und wie Sie Ihre geistigen Fähigkeiten beurteilen. Das alles bestimmt ohne Zweifel die Richtung mit, die Sie im Leben einschlagen, doch hier geht es darum, daß Sie Ihre Aufmerksamkeit auf Ihre *Vorstellung von Ihren menschlichen Qualitäten* konzentrieren.

Haben Sie das Gefühl, daß die Hierarchie des Establishments Sie in Ihrer menschlichen Entwicklung gehemmt hat? Sind Sie sich über den Einfluß der Hierarchie auf Ihre Entwicklung im klaren? Erkennen Sie, wieweit Sie durch das herrschende Erziehungssystem und die etablierte Werbung geformt worden sind? Wenn Sie diese Fragen bejahen, dann sind Sie gerüstet, Ihre Idealvorstellung von sich klar zu formulieren.

Denn diejenigen können obsiegen, die daran glauben, daß sie es können.

VERGIL

Wir leben in einer Welt voller zerstörerischer Einflüsse, die alle auf uns einwirken. Ein Ichbild, das mit dem eigenen Humanitätsideal in Einklang steht, ist ein wirksamer Schutz gegen diese Einflüsse und trägt zum Seelenfrieden und einem Leben nach Ihren eigenen Vorstellungen bei.
Bedauerlicherweise wurde in der westlichen Zivilisation eine positive Selbstverwirklichung allzu oft mit Aggressivität und dem Streben nach Prestige, Wohlstand und materiellem Besitz gleichgestellt. Eben dies aber sind die Eigenschaften, die, wenn sie überhandnehmen, den einzelnen zerstören und die ganze Menschheit bedrohen.

> Goldene Fesseln sind weit schlimmer als eiserne.
>
> MAHATMA GANDHI

Stärken Sie Ihr Selbstbewußtsein, indem Sie sich als menschlichen Menschen vorstellen. Entwerfen Sie durch konstruktives Denken ein Bild von sich, das Ihnen einen Menschen zeigt, der seine Lebensziele selbst zu bestimmen vermag. Stellen Sie sich vor, wie Sie leben würden, wenn sie frei wären von den zunehmenden Pressionen, denen Sie durch Werbung, kommerzielle Interessen und andere Manipulationen ausgesetzt sind. In dem Maße, in dem Sie Ihre Vorstellungen von sich Wirklichkeit werden lassen, werden Sie Sie selbst, werden Ihre konstruktiven Gedanken zu dem Leitstern, der Sie zu einem Leben im Einklang mit der Natur hinführt.

> Unsere Probleme sind von Menschen geschaffen, deshalb können sie von Menschen gelöst werden. Und die Größe des Menschen hängt von seinem Willen ab.
>
> JOHN F. KENNEDY

Wahre, konstruktive geistige Kräfte liegen nur in dem schöpferischen Denken, das Ihr Schicksal gestaltet, und allein Ihre geistige Einstellung kann Ihnen die Kraft geben, Ihr Leben positiv zu ändern. Entwickeln Sie Gedanken, die Ihnen als Richtschnur dienen. Die Würde Ihres Lebens und Ihr Glück hängen von der Richtung ab, in der sich diese Gedanken bewegen.

> Wer auf Lauterkeit beharrt, wird an Zulänglichkeit gewinnen.
>
> T. LYNCH

PETER-PROGRAMM PUNKT 15

Das Peter-Patent: *Konzentrieren Sie Ihre Bemühungen auf Ihren Kompetenzbereich*

Auf jeder Stufe einer Hierarchie gibt es Möglichkeiten, Erfüllung zu finden. Sie brauchen nicht Direktor der Mausefallenfabrik zu sein, um eine bessere Mausefalle zu konstruieren. Im Gegenteil, als Direktor hätten Sie viel zuviel anderes zu tun, um lange über neue Mausefallen nachzudenken. Halten Sie sich an Ihre Erfahrungen, und konzentrieren Sie Ihre Bemühungen auf das Gebiet, wo Ihre Fähigkeiten liegen.

Ein Universitätsstudent, der sich mit gegenwärtigen sozialen Problemen beschäftigt, sollte seine Sachkenntnisse anwenden, um ein Maximum an effektiver Leistung zu erzielen. Ein Naturwissenschaftler kann zur Verbesserung der Umweltbedingungen beitragen, indem er seine wissenschaftlichen Kenntnisse und die Möglichkeiten des Labors zur Prüfung von Boden- oder Wasserproben nutzt. Er kann die Ergebnisse an Massenmedien, Anhänger des Naturschutzgedankens und politische Aktionsgruppen weitergeben. Ein Student der Sprach- und Literaturwissenschaft kann einen Beitrag zum Frieden leisten, indem er seine Schreibgewandtheit nutzt, um die Notwendigkeit des Friedens und die Schrecken des Krieges zu beschreiben und Wege zu zeigen, wie man konstruktiv etwas für den Frieden in der Welt tun kann. Der angehende Psychologe kann für soziale Gerechtigkeit eintreten, indem er die Bemühungen der Politiker um soziale Gerechtigkeit unterstützt. Ebenso können künftige Mediziner, Juristen, Pädagogen oder Ingenieure ihr Wissensgebiet nutzen, um zur Lösung der sie angehenden Probleme beizutragen.

Eine Eskalation führt oft von dem eigenen Gebiet weg zu Aktivitäten, die das Gegenteil von produktiver Arbeit sind. Das bedeutet nicht, daß man sich nicht politisch betätigen sollte. Es bedeutet vielmehr, daß jeder Lernende einen produktiven Beitrag leisten kann, wenn er Kenntnisse anwendet, die er sich in seinem Bereich erwirbt.

> Bedenke gut, was deine Kraft vermag und was über deine Fähigkeit hinausgeht.
>
> HORAZ

Fast jede wirkliche Verbesserung der Lebensqualität ist die Leistung williger Menschen, die begabt und geschickt ihre Arbeit tun. Defekte Produkte und unzulängliche Dienstleistungen, die soviel Unzufriedenheit auslösen, rühren oft daher, daß Menschen, statt sich auf ihre Arbeit zu konzentrieren, nach höheren Posten schielen.

Würde das Peter-Patent allgemein angewendet, dann gäbe es sicherlich für alle Posten und Positionen genügend fähige Kräfte. Die Gesellschaft könnte dann den Beitrag eines jeden einschätzen und würdigen.

Wir leben, und wir wissen, daß wir leben, und freuen uns dieses Lebens und dieses Wissens. SAMUEL BUTLER

PETER-PROGRAMM PUNKT 16

Die Peter-Passion: *Widmen Sie sich leidenschaftlich den dauerhaften Freuden*

Sie führen ein besseres Leben, wenn Sie sich Ihre Fähigkeit und die Zufriedenheit, die Ihnen aus Ihrem Lebensstil erwächst, zu erhalten verstehen.

> Genieße deine gegenwärtigen Freuden so, daß es den nachfolgenden keinen Abbruch tut. SENECA

Nat Churrell verbrachte viel freie Zeit im Garten seines Hauses in Nordkalifornien. Der Swimming-pool und der Garten verhalfen ihm zu körperlicher Bewegung, er hatte Freude an den Blumen, den Obstbäumen, den Gemüsebeeten, und er genoß es, sich in dieser schönen Umgebung zu entspannen und zu lesen. Das alles gab er auf, um eine Beförderung anzunehmen, die mit einer Versetzung ins Hauptbüro seiner Firma in Manhattan verbunden war. Heute braucht er sehr viel mehr Zeit für die täglichen Fahrten zum Büro und zurück und kann sich sehr viel weniger im Freien aufhalten. Sein Leben ist durch die Beförderung ärmer geworden.

> Unglück ist, nicht zu wissen, was wir wollen, und uns umzubringen, um es zu bekommen. D. HEROLD

Wenn Sie innehalten und bedenken, daß Sie möglicherweise alle dauerhaften Freuden in Reichweite haben, werden Sie nicht die Gegenwart verschmähen um eines lange auf sich warten lassenden Lohnes willen. Eine Arbeit zu tun, die nicht im Widerspruch zu den eigenen Überzeugungen steht, an der Seite von Menschen zu leben, die man liebt, und sich selbst zu entdecken – all das schenkt Zufriedenheit und trägt zur Selbstverwirklichung bei.

> Ich halte ihn für den einzigen reichen Mann, der von dem lebt, was er hat, niemandem etwas schuldet und zufrieden ist. S. HOWE

PETER-PROGRAMM PUNKT 17

Das Peter-Potential: *Suchen Sie eine realistische Alternative*

Die etablierten Hierarchien bieten nicht jedem befriedigende Möglichkeiten. Die hierarchische Regression ist so weit fortgeschritten, daß viele Leute dafür sind, das Establishment zu zerschlagen. Eine Alternative, die mehr verspricht, besteht darin, immer mehr Einrichtungen zu schaffen, die eines Tages die etablierte Bürokratie ersetzen können.

> Handle gut im Augenblick, und du hast für alle Ewigkeit eine gute Tat getan. JOHANN KASPAR LAVATER

Ike O. Noklast, ein junger Rechtsanwalt, kämpfte gegen die ständige Verletzung der Rechte der Verbraucher durch Regierung, Handel, Industrie und Landwirtschaft. Doch fand sich kein Interessenverband, der ihn anstellte, damit er gegen unsichere Automobile, durch Fremdstoffe verdorbene Nahrungsmittel oder unverschämte Preise protestierte. Obwohl Ike O. Noklast keine etablierte Organisation hinter sich hatte, schlossen sich ihm bald Helfer und Förderer an, und heute steht er einer erfolgreichen Vereinigung zum Schutz der Rechte der Verbraucher vor.

> Ein unbefleckt Herz läßt sich nicht leicht erschrekken. WILLIAM SHAKESPEARE

N. Ventive war als Berater in einer Stellenvermittlungsagentur tätig. Als er feststellte, daß sein Arbeitgeber sich bei schwarzen Bewerbern keinerlei Mühe gab, sah er sich auf eigene Faust nach Arbeitsmöglichkeiten für sie um. Das führte schließlich dazu, daß er ein erfolgreiches Stellenvermittlungsbüro für schwarze Bürger gründete.

> SATTINGERS GESETZ:
> Es funktioniert besser, wenn man es einhämmert.

Ungeachtet der eingewurzelten Unfähigkeit der etablierten Hierarchien ist es noch möglich, leistungsfähige Einrichtungen zu schaffen, die den Erfordernissen des Menschen entsprechen. Viele Leute haben auf Grund realistischer Überlegungen dem Establishment den Rücken gekehrt und erfolgreiche Organisationen gegründet. Andere scherten aus und versagten, weil sie ihre Möglichkeiten nicht realistisch eingeschätzt hatten.

> Wirkliche Freude erwächst nicht aus Behagen oder Reichtümern oder dem Lob der Menschen, sondern daraus, daß man etwas Lohnendes tut. WILLIAM GRENFELL

Die Abkehr vom Establishment und der Versuch, ein Konkurrenzunternehmen oder eine konkurrierende politische oder soziale Organisation zu gründen, kann Ihnen Mißtrauen, Feindschaft und Repressionen von Bürokraten eintragen, die behaupten, sie würden durch Ihre Aktionen gestört. Über diese Tatsache müssen Sie sich ebenso im klaren sein wie über Ihre Fähigkeiten, wenn Sie Ihre Erfolgsmöglichkeiten außerhalb der Bürokratie des Establishments abschätzen.

> Es gibt zwei Dinge, auf die man im Leben hinarbeiten muß: zunächst, das zu bekommen, was man will, und danach, es zu genießen. Nur den großen Weisen der Menschheit gelingt das zweite. L. SMITH

PETER-PROGRAMM PUNKT 18

Der Peter-Prophet: *Erkennen Sie Ihre Stufe der Fähigkeit*

Verlieren Sie, wenn Ihnen eine Beförderung angeboten wird oder an jedem anderen Scheideweg in Ihrem Leben, nie die Richtung aus den Augen, die Sie gewählt haben. Die Abneigung, eine Herausforderung nicht anzunehmen, veranlaßt viele Menschen, ihr Lebensziel mit jedem Stellungswechsel zu ändern. Das führt zu Persönlichkeitsverlust, sinnloser Eskalation und dem in der westlichen Welt so weit verbreiteten Gefühl der Vergeblichkeit, Besitzgier veranlaßt den Menschen, sich Dinge zu kaufen, die für Geld zu haben sind, während er der Dinge, die er nicht mit Geld erwerben kann, verlustig geht.

> Wenn ein Mensch nicht einen guten Grund hat, eine Sache zu tun, hat er guten Grund, die Finger davon zu lassen. SIR WALTER SCOTT

Schreiten Sie, um alle Ihre Fähigkeiten zu entfalten, *vorwärts*, und suchen Sie die Erfüllung Ihres Lebens. Nie können Sie dadurch unfähig werden, daß Sie aus Ihren Fähigkeiten, Ihren schöpferischen Anlagen und den Umständen das Beste zu machen versuchen.

> Es ist ehrenvoller und befriedigender, ein erstklassiger Lastwagenfahrer zu sein als ein zehntklassiger Geschäftsführer. B. C. FORBES

Eskalation als Mittel, Ihre maximalen Fähigkeiten herauszufinden, führt dazu, daß Sie über Ihre Stufe der Fähigkeit hinaus emporklettern und dann, wenn Sie merken, daß Sie unfähig sind, wieder abwärts steigen müssen. Theoretisch ist das zwar möglich, in der Praxis jedoch außerordentlich schwer, zumal es ungewöhnlichen Widerstand von seiten derer hervorruft, die der Immer-vorwärts-und-aufwärts-Philosophie huldigen.

PETER-PROGRAMM PUNKT 19

Die Peter-Prognose:
Sagen Sie die Folgen voraus

Jetzt, da Sie die Fallstricke und Freuden, die Ihnen das Establishment zu bieten hat, kennen, werden Sie verstehen, daß nichts Sie so sehr im Stich lassen kann wie der Erfolg.

Einst wurden Schiffe von Männern beladen, die mit Säcken auf dem Buckel eine Planke hinaufhasteten. Aber die Lastträger und die Schubkarrenschieber und dergleichen sind durch Förderbänder, Gabelstapler, Aufzüge und fahrbare Kräne ersetzt worden. Da immer mehr Sprossen von der Leiter entfernt, immer mehr Menschen durch Maschinen ersetzt werden, sind Sie der Endplazierung vielleicht schon näher, als Sie glauben. Wenn Sie sich der unausweichlichen Folgen der Eskalation bewußt sind, wird Ihnen das helfen, sich die Antwort zu geben auf die Frage: Wie hoch ist hoch genug für mich?

> Indem du getreulich acht Stunden am Tage arbeitest, bringst du es am Ende vielleicht dazu, ein Boss zu werden und zwölf Stunden am Tage zu arbeiten. ROBERT FROST

PETER-PROGRAMM PUNKT 20

Die Peter-Pilgerfahrt:
Probieren Sie einen anderen Beruf aus

Die Zahl derer, die ihre Arbeitsplätze im Establishment aufgeben, um in neuen Berufen Zufriedenheit zu suchen, nimmt Tag für Tag zu. Der Arzt, der beschloß, seine Praxis aufzugeben und Schriftsteller zu werden, jagte nicht dem Gelde nach. Wie viele Menschen heutzutage war er gelangweilt und wollte sich in einem anderen Beruf versuchen. Er hatte ein Ziel vor Augen, er wagte die Peter-Pilgerfahrt.

Für Menschen, die viel Phantasie oder ausgeprägte schöpferische Begabungen haben, ist die tägliche Routinearbeit oft eine unerträgliche Qual. Wer sich mit ein wenig Abenteuergeist in das Wagnis eines Berufswechsels einläßt, findet vielleicht den Weg zum Ziel.

> Seit ich die Universität verließ, habe ich zehn Jahre als Arzt, zwei Jahre als Seemann bei der Handelsmarine, sieben Jahre als Geschäftsmann, acht Jahre als Journalist und fünfzehn als Romanschriftsteller verbracht. J. WILSON

PETER-PROGRAMM PUNKT 21

Das Peter-Postulat:
Lassen Sie sich von Ihrem Gewissen leiten

Die größte Folter ist eine berufliche Tätigkeit, die im Widerspruch zu den eigenen Überzeugungen steht.
Hiam Atteez, von Beruf Fotograf, hatte Spaß an seiner Tätigkeit für die Werbeagentur Irvin Blight. Zu seinen besten Aufnahmen gehörten Landschaftsbilder, die von der Agentur für die Anzeigenwerbung für eine Zigarettenmarke verwendet wurden. Als durch medizinische Forschungsberichte immer deutlicher wurde, daß zwischen Zigarettengenuß und Lungenkrebs, Kreislauferkrankungen und Emphysemen ein Zusammenhang besteht, machte Atteez sich Gedanken. Er sagte sich, daß er durch seine Arbeit zum Verkauf krankheitserregender Zigaretten beitrug. Er hatte ein schlechtes Gewissen.
Er legte eine Mappe seiner besten Landschaftsfotos einer Vereinigung für Umwelt- und Naturschutz vor, die die Bilder zusammen mit den von Atteez verfaßten beschreibenden Texten veröffentlichte. Die Arbeit für die Werbeagentur hat Hiam Atteez aufgegeben. Er ist heute hauptberuflich für die Umwelt- und Naturschutzvereinigung tätig. Seine Bilder und Schriften haben Tausende für die Schönheit ihrer Umwelt und für die Notwendigkeit, sie zu erhalten, begeistert. Hiam Atteez erlebt seither immer wieder die Freuden der Erfüllung und des inneren Friedens.

> Bemühe dich, in deiner Brust den kleinen Funken himmlischen Feuers, das Gewissen, nicht verlöschen zu lassen. GEORGE WASHINGTON

8. KAPITEL

Erkenne deine Abwehrwaffen
oder
Gute Nachbarn – gute Zäune

> Nimm das Leben nicht zu ernst – du wirst ihm nie lebend entrinnen. ELBERT G. HUBBARD

Am wirksamsten können Sie Ihre Begabungen und Fähigkeiten schützen, wenn Sie an Ihrer Richtung festhalten, Ihre schöpferischen Kräfte entfalten und sich auf Ihre Zuversicht und Kompetenz verlassen.

PETER-PROGRAMM PUNKT 22

Der Peter-Panzer: *Widerstehen Sie der Versuchung, nur um des Aufstiegs willen aufzusteigen*

In einer Gesellschaft, deren Ideal das Aufwärtsstreben ist, muß jedes Angebot einer Beförderung schmeichelhaft und verlockend erscheinen. Selbst wenn man eine Beförderung für gar nicht so ersprießlich hält, möchte man doch zumindest, daß andere von dem Angebot erfahren.

> Wer seinen Nachbarn alles ist, hört auf, er selbst zu sein. NORMAN DOUGLAS

M. I. Opik bekam von seiner Firma einen Posten in der Verwaltung angeboten, den er nicht sehr erstrebenswert fand. Er hatte weder Lust, den ganzen Tag am Schreibtisch zu verbringen, noch lagen ihm die mit der Position verbundenen gesellschaftlichen Verpflichtungen. Unseligerweise erzählte M. I. Opik seiner Frau von dem Angebot. Er wollte ihr doch einmal zeigen, wieviel er in seiner Firma galt. Seine Frau erzählte es prompt ihrer Mutter und den Damen in ihrem Bridge-Klub weiter. M. I. Opiks Kurzsichtigkeit hatte eine regelrechte Kettenreaktion ausgelöst: Freunde, Bekannte und Verwandte gratulierten ihm überschwenglich zu seiner Beförderung, und seine Frau, die sich in Gedanken schon in ihrem neuen gesellschaftlichen Status sonnte und von vielen neuen Kleidern träumte, drängte ihn so lange, bis er das Angebot schließlich gegen seinen Willen annahm.

> Lieber wenig und dabei Zufriedenheit als viel und dabei Zank und Streit. BENJAMIN FRANKLIN

P. Green, Gärtner bei der Ideal Trivet Company, war mit seiner Arbeit zufrieden und ließ sich darin durch nichts beirren. Er gewann zahlreiche Preise für seine Blumen und wurde verschiedentlich für seine Verdienste als Landschaftsgärtner ausgezeichnet. Die größte Befriedigung empfand er jedoch, als es ihm gelang, eine neue Gladiolenart zu züchten. Er erhielt dafür den ersten Preis bei einer internationalen Gartenbauausstellung, und der Verkauf der Zwiebelknollen an Gärtnereibetriebe brachte ihm beträchtliche Nebeneinnahmen. Außerdem trug ihm seine Gladiole Ruhm und Unsterblichkeit ein, da sie als Greengladiole (Gladiolus Green) bekannt wurde. Dadurch, daß P. Green bei seinen Fähigkeiten blieb, fand er Erfüllung in seiner Arbeit. Er verbesserte und vervollkommnete diese Fähigkeiten und bereicherte dadurch sein Leben.

> Achte darauf, daß du die richtigen Mittel wählst, dann wird das Ziel sich von selbst einstellen. MAHATMA GANDHI

Ihnen für viele Probleme des Lebens vernünftige *dauerhafte Lösungen* zu bieten, ist das *Hauptziel* des Peter-Programms. Es hilft Ihnen, sich selbst besser kennenzulernen, das Wesen der Hierarchien genauer zu durchschauen. Ihrem Leben eine klarere Richtung zu geben.
Nun können allerdings auch Umstände eintreten, die kurzfristige Behelfs- oder Notmaßnahmen erfordern. Die drei folgenden Programm-Punkte dieses Kapitels sollen Ihnen helfen, sich gegen solche Umstände oder Notfälle zu wappnen. Machen Sie von den vorgeschlagenen Maßnahmen freizügig Gebrauch, wann immer die Gefahr droht, daß man Sie von einem Posten, dem Sie gewachsen sind, auf Ihre Stufe der Unfähigkeit hinaufbefördern will.

PETER-PROGRAMM PUNKT 23

Die Peter-Posse: *Täuschen Sie, um eine unerwünschte Beförderung abzuwenden, Unfähigkeit vor*

Die sicherste und ergiebigste Peter-Posse ist die Demonstration von Unzulänglichkeit in nebensächlichen Dingen. Ich leitete einmal mehrere Jahre lang ein Erziehungsheim für milieugeschädigte Kinder. Es war die Erfüllung eines sehnlichen und lange gehegten Wunsches; die Tätigkeit bot mir Gelegenheit, an Hand direkter Beobachtung eine Forschungsarbeit über moderne Unterrichtsmethoden voranzutreiben. Beruflich wünschte ich mir nichts anderes, als diese Tätigkeit fortzusetzen und meine Untersuchungen zu vervollständigen. Da die auch für das Heim zuständige Universitätsverwaltung beschlossen hatte, mich zum Departmentleiter zu ernennen, war drastisches Handeln geboten. Wenn der Dekan oder ein anderes Mitglied des Verwaltungsrats in mein Büro kam, um eine Frage mit mir zu erörtern, griff ich in meine Schreibtischschublade, zog einen Pfeil heraus und warf ihn auf eine Zielscheibe an der Wand. Hastig notierte ich mir die Zahl, wo der Pfeil haftengeblieben war, konstruierte mit ihr in Windeseile eine komplizierte mathematische Formel und gab dann meinem irritierten Gegenüber eine völlig vernünftige und sachliche Antwort. Natürlich hatte das verrückte Ritual nicht das geringste mit der Antwort zu tun. Diese Peter-Posse stellte meine Kompetenz nicht in Frage, aber sie erweckte bei meinen Vorgesetzten doch genügend Mißtrauen, so daß sie davon absahen, mich zu befördern. Mit Hilfe dieses und ähnlicher Spielchen konnte ich mir meine Tätigkeit erhalten, bis meine Forschungsarbeit abgeschlossen war.
Im Verlauf einer Sitzung, bei der meine Kollegen mich überreden wollten, den Posten des Departmentleiters anzunehmen, trat ich ans Fenster und versuchte, mir mit Hilfe einer Lupe, mit der ich die

Sonnenstrahlen einfing, eine Zigarette anzuzünden. Nach kurzem betroffenem Schweigen ging man zum nächsten Punkt der Tagesordnung über. Eine andere Peter-Posse, die sich als sehr wirkungsvoll erwies, bestand darin, daß ich bei der Unterzeichnung von Verträgen oder Diplomen auf der Einhaltung eines gewissen Zeremoniells bestand. Daß ich mich dabei eines Federkiels, eines Petschafts und Siegellacks bediente, verlieh dem Ritual Kolorit und erhöhte noch die Wirkung. Die Peter-Possen waren für mich eine Herausforderung an meine schöpferische Kraft, verhinderten Langeweile und kamen meinem Interesse für dramatische Situationen entgegen.

> Wenn du einem Dekan einen Witz erzählst, mußt du ihm sagen, daß es ein Witz ist, sonst lacht er nicht. R. CLOPTON

Von einer idealen Peter-Posse kann man sprechen, wenn sie 1. keinen Zweifel daran aufkommen läßt, daß Sie Ihrer Tätigkeit gewachsen sind, 2. eine geeignete Ablenkungstaktik ist, die anderer Leute Aufmerksamkeit auf eine belanglose, aber doch ungewöhnliche Verhaltensweise lenkt, und wenn sie Ihnen 3. Gelegenheit zu schöpferischen Einfällen und Belustigung bietet. Peter-Possen, die diesen drei Anforderungen entsprechen, erweisen sich, diskret praktiziert, fast immer als ein großer Erfolg. Hüten Sie sich jedoch vor Übertreibung, sonst geraten Sie womöglich in den Ruf eines Clowns, und die Wirkung der Peter-Posse verpufft.

> Sinn für das Komische verbindet.
>
> RALPH WALDO EMERSON

PETER-PROGRAMM PUNKT 24

Die Peter-Parade: *Nehmen Sie «die da oben» nicht ernst*

Die richtige Einstellung zu Ihren Vorgesetzten finden Sie, wenn Sie sich beispielsweise vorstellen, sie marschierten im Nachthemd an Ihnen vorüber. Ehe ich mein Buch *Das Peter-Prinzip* veröffentlichte, half ich mir gelegentlich mit der Peter-Parade, um vorgesetzte Beamte ein bißchen aus der Fassung zu bringen. Ich ließ bei ihnen den nagenden Verdacht aufkommen, ich nähme sie vielleicht nicht ganz ernst. Auf diese Weise schuf ich eine Situation, die sie ernsthaft daran zweifeln ließ, ob ich ihnen überhaupt folgen könne.

Der Leiter des akademischen Prüfungsausschusses hatte eine höchst esoterische Abhandlung verfaßt, in der er in hochtrabenden abstrakten Formulierungen über das Studium in den höheren Semestern philosophierte, und hatte Sonderdrucke von dieser Arbeit verteilt. Ich reagierte mit einem kurzen Dankschreiben, in dem ich ihn zu seiner ausgezeichneten Prosa beglückwünschte und dafür dankte, daß er die erste verständliche Analyse des Parkproblems auf dem Universitätsgelände vorgelegt habe.

> Humor ist eine Bestätigung der Würde, eine Bekundung der Souveränität des Menschen gegenüber allem, das ihm widerfährt. ROMAIN GARY

Eine andere, sehr einfache Methode, Vorgesetzte zu irritieren, ist die eigenwillige Verwendung von Stempeln. So versah ich im Dekanat ausgefüllte Formulare mit dem Stempel UNORDENTLICH, GEPRÜFT oder GEHEIM und ließ sie zurückgehen. Standardstempel wie NICHT FALTEN, GENEHMIGT, ZUR ERLEDIGUNG, ZU DEN AKTEN oder ZUR BESCHLEUNIGTEN BEARBEITUNG sind überall erhältlich. Mit Phantasie verwendet, können sie die gewünschte Wirkung hervorrufen. Natürlich kann man sich auch Stempel eigens anfertigen lassen und so das zusätzliche Vergnügen an den gestempelten eigenen Formulierungen genießen.

> Guter Geschmack und Humor sind ein Widerspruch in sich selbst wie eine keusche Hure. MALCOLM MUGGERIDGE

Die erfolgreichste Peter-Parade gelang mir ungeahnt mit der Veröffentlichung meines Buches *Das Peter Prinzip.* Sein großer Erfolg hat bewirkt, daß ich seither kein einziges Angebot einer Beförderung bekam. Offenbar haben Verwaltungsbeamte eine heftige Abneigung dagegen, jemand in ihre Reihen aufzunehmen, der sie als ideale Objekte für eine Satire betrachtet.

> DAS GESETZ VON DER PERVERSITÄT DER NATUR:
> Man kann nicht im voraus erfolgreich entscheiden, welche Seite des Brotes man mit Butter bestreichen soll.

PETER-PROGRAMM PUNKT 25

Das Peter-Palaver: *Äußern Sie sich in eher mystifizierenden als klärenden Worten*

Der einfache Aussagesatz ist immer noch das beste Werkzeug für die schriftliche Kommunikation. Die Fähigkeit, sich seinen Mitarbeitern klar verständlich zu machen, ist in vielen Berufen ein wichtiger Bestandteil der Kompetenz. Vorstellungen und Ziele in präzisen Worten umreißen zu können, gehört zu den wesentlichen Führungseigenschaften und ist unentbehrlich für jedes Unternehmen, an dem mehrere Menschen beteiligt sind.

Wenn aber jemand versucht, Sie in etwas zu verwickeln, das außerhalb Ihres Kompetenzbereichs liegt, ist die Fähigkeit, in einer *nicht*-kom-

munikativen Weise zu antworten, oft die beste Verteidigung. Eine direkte Ablehnung wird in den meisten Hierarchien als Auflehnung angesehen. In unseren komplexen militärischen, industriellen und administrativen Hierarchien wird der kompetente Angestellte ständig von Inspektoren und Prüfern aller Stufen der Kompetenz und Inkompetenz belästigt. Erweist man sich auf seinem Arbeitsgebiet als fähig und verhält man sich diesen Beamten gegenüber sehr kommunikativ, dann sind sie über diese seltene Situation so begeistert, daß Sie fortan Ihre Zeit mit Diktieren von Berichten und mit Informationsgesprächen verbringen können und nicht mehr in der Lage sein werden, Ihre Arbeit vernünftig zu erledigen. Hier hilft nur das Peter-Palaver, ein Verfahren der Nicht-Kommunikation.
Bevor wir uns mit dem Peter-Palaver und seiner Anwendung näher befassen, müssen Sie sich über zwei Dinge im klaren sein: 1. Im Sinne Ihrer eigentlichen Arbeit ist Mangel an Kommunikationsfähigkeit ein Zeichen von Inkompetenz. 2. Im Sinne der Verteidigung Ihrer Arbeit gegen Einmischung von außen ist die Fähigkeit, sich nicht-kommunikativ zu verhalten, ein Zeichen von Kompetenz.

> Ein großes Maß Fähigkeit liegt darin, zu wissen, wie man Fähigkeit verheimlicht. FRANÇOIS DE LA ROCHEFOUCAULD

Auf den ersten Blick mag das Peter-Palaver schwierig erscheinen, aber jedermann kann es innerhalb weniger Minuten erlernen und beherrschen. Die einfachste und wirksamste Methode für Anfänger besteht darin, sich einen *Jargon-Phrasen-Indikator* auszuarbeiten. So entwikkelte ich mir zum Beispiel einen Jargon-Phrasen-Indikator für den pädagogischen Bereich. Ich sammelte eine Reihe von Ausdrücken, denen man in pädagogischen Zeitschriften, Vorlesungen und amtlichen Schriftstücken mit gewisser Regelmäßigkeit begegnete. Ich schrieb sie in drei Gruppen untereinander. In der dritten Gruppe notierte ich die Worte, die ich als Substantive verwenden wollte, und in den beiden anderen Gruppen die übriggebliebenen Worte.

PHRASEN-INDIKATOR FÜR DEN PÄDAGOGISCHEN JARGON

1	2	3
perzeptorisch	Reife-	Konzept
fachbezogen	Steuerungs-	Prozeß
umweltbezogen	kreativ	Artikulation
instruktiv	Relations-	Philosophie
homogen	motorisch	Aktivität
entwicklungsmä-	Bildungs-	Reserven

ßig bedingt	Orientierungs-	Lehrplan
aufbauend	kognitiv	Ansatz
individualisiert	Akzelerations-	Anpassung
außergewöhnlich	Motivations-	Grenzebene
gemeinsam erarbeitet		

Diesen Indikator benutzte ich, indem ich aufs Geratewohl ein Wort aus der ersten Gruppe, eines aus der zweiten und eines aus der dritten wählte. Das ergab so viele Phrasen, wie ich nur brauchen konnte. Ich mußte lediglich ein paar normale Worte und Wendungen unter diese Phrasen mischen, und schon war ich in der Lage, mit einem Minimum an Zeitaufwand Fragen zu beantworten, Diskussionsbeiträge zu formulieren, Reden oder Briefe an Regierungsstellen zu verfassen und so fort.

> Wer eine Menge großer Worte gebraucht, will dich nicht informieren, sondern möchte dir imponieren. O. MILLER

Nach diesem Modell können Sie mühelos einen Jargon-Phrasen-Indikator für jedes beliebige Gebiet entwickeln. Auf die Länge der Liste kommt es nicht an. Sie können mit einigen wenigen Ausdrücken anfangen und Ihren Phrasen-Indikator nach und nach ergänzen und durch Hinzufügung neuer Modeausdrücke jeweils auf den neuesten Stand bringen.

PHRASEN-INDIKATOR FÜR DEN VERWALTUNGS-JARGON

1	2	3
interdependent	bedingt	Ziele
kompatibel	Motivations-	Nutzbarmachung
zuwachsbedingt	effektiv	Kapazität
optimiert	Integrations-	Management
fakultativ	Übergangs-	Möglichkeiten
qualitativ	Digital-	Kontingenz
synchronisiert	Organisations-	Mobilität
korrespondierend	kontrolliert	Übergangsstadium
total	integriert	Projektion
systematisiert	reziprok	Befähigung

Flechten Sie Phrasen wie «qualitative, effektive Nutzbarmachung» oder «interdependente Motivationskapazität» in irgendeinen Bericht ein, dann werden Sie den Anschein erwecken, Sie seien eine genauestens unterrichtete Autorität, und keiner wird Sie mehr mit unliebsamen

Fragen behelligen. Sollte jemand insistieren, fahren Sie einfach mit Ihren Jargonphrasen fort, bis der lästige Fragesteller in völliger Verwirrung aufgibt.

> Der wahre Gebrauch der Sprache besteht nicht so sehr darin, unsere Wünsche auszudrücken, als sie zu verbergen.
> OLIVER GOLDSMITH

Das Peter-Palaver kann auf zweierlei Weise angewendet werden: schriftlich, als Peter-Prosa, und in der mündlichen Form des Peter-Parlierens. Im praktischen Gebrauch unterscheiden sich beide Formen nicht wesentlich, doch gibt es wiederum eine spezielle Form des Peter-Parlierens. Ich nenne sie das Peter-Plappern. Dabei trägt die Art der Aussprache der Worte noch entscheidend zu der erstrebten Nicht-Kommunikation bei. Wenn Sie das Peter-Plappern lernen möchten, müssen Sie sich darin üben, die Schlüsselworte und die entscheidenden Sätze undeutlich vor sich hin zu murmeln, dagegen Satzfetzen und Floskeln wie «Herr Vorsitzender, meine Damen und Herren . . .», «ich meine, es dürfte an der Zeit sein . . .», «lassen Sie mich daran erinnern . . .», «wir müssen ein für allemal zeigen . . .», «sprechen wir eine deutliche Sprache . . .», «lassen Sie mich das unmißverständlich klarmachen . . .» so deutlich wie nur möglich aussprechen.
Wenn Sie diese Sprachübungen einmal beherrschen, verspüren Sie vielleicht den Wunsch, Ihre Vortragskunst noch zu vervollkommnen. Das ist durchaus möglich. Sie können sich zum Beispiel der Alliteration bedienen und jeweils den ersten Buchstaben betonen, während Sie den Rest des Wortes in Gemurmel untergehen lassen.

PHRASEN-INDIKATOR FÜR DEN PETER-PLAPPER-JARGON

1	2	3
penetrant	Petulanz	Persistenz
prompt	prozentual	Pension
proportional	Promulgations-	Perzeption
propulsiv	Propagations-	Probe
protokollarisch	Perseveranz-	Prophylaxe
potentiell	Prototyp-	Proposition
pragmatisch	Permutations-	Perspektive
polyglott	Porträt-	Prothese
polarisiert	Postulats-	Profusion
paradigmatisch	Potenz-	Penetration

Für Anfänger ist das Peter-Plappern nicht zu empfehlen. Es erfordert eine fortgeschrittene Stimmtechnik und eine absolute Sicherheit in der Fähigkeit, beim Reden nichts zu sagen.

> Blick weise drein, sage nichts und grunze nur:
> Die Sprache ist dazu da, Gedanken zu verbergen.
>
> SIR WILLIAM OSLER

Haben Sie Kompetenz, Vertrauen und Seelenfrieden erlangt, dann besitzen Sie etwas, das Ihrer besten defensiven Möglichkeiten würdig ist. Fühlen Sie Ihre Fähigkeit bedroht, so wenden Sie unverzüglich diese Peter-Programm-Punkte an. Denn: Verzug bedeutet Verlust.

> Leitsätze für Bürokraten: Wenn verantwortlich, überlege; wenn in der Patsche, delegiere; wenn im Zweifel, murmele.
>
> J. BOREN

Dritter Teil

Kompetenz durch kompetentes Management

Nun, da ich oben auf der Leiter,
Sollt' stolz ich sein und froh und heiter.
Der Blick ist schön, von oben her –
Nur schwankt die Leiter mir zu sehr.

RICHARD ARMOUR

9. KAPITEL

Sinn und Ziel der Kompetenz
oder
Ende gut, alles gut

> Wenn du die Wahl hast zwischen zwei Übeln, wähle keines von beiden. CHARLES SPURGEON

Sie sind nun schon ein ganzes Stück vorangekommen auf dem Wege der Erkenntnis, wie Sie sich vor den zerstörerischen Einflüssen, die Ihre wesentlichen Qualitäten bedrohen, schützen können. Sie sind sich Ihrer persönlichen Eigenart bewußter geworden und wissen auch, wie Sie es vermeiden können, angepaßten Lebensweisen oder dem allgemeinen Konsumdenken zu verfallen.
Nunmehr wollen wir prüfen, wie Sie Ihre Führungseigenschaften verbessern und dadurch anderen helfen können, Unfähigkeit zu vermeiden. Eine Führungskraft oder ein Manager sind Sie, wann immer Sie das Verhalten eines anderen Menschen bewußt beeinflussen – wie eine Mutter, die das Handeln ihrer Kinder lenkt, ein Lehrer, der eine Klasse unterrichtet, ein Anhänger des Naturschutzgedankens, der das ökologische Bewußtsein fördert, oder ein interessierter einzelner, der andere Bürger beeinflußt, eine Aktionsgruppe zu unterstützen.

> Das Genie einer guten Führungskraft besteht darin, eine Situation zu hinterlassen, die gesunder Menschenverstand auch ohne Genialität erfolgreich bewältigen kann.
> WALTER LIPPMANN

Es gibt zwei Arten der Führung oder des Managements, die autoritative und die partnerschaftliche. Im ersten Fall liegt die Direktivgewalt beim einzelnen Manager, im zweiten Fall geht sie von einer Gruppe von Partnern aus. Der einzelne, der unabhängig Entscheidungen trifft und Befehle erteilt, ist ein autoritativer Manager, der Vorsitzende einer demokratisch konstituierten Organisation dagegen ein von Partnern abhängiger Manager. Beide üben einen bewußten Einfluß auf das Verhalten anderer aus, doch jeder leitet seine Macht von einer anderen Quelle her. Der autoritative Manager hat die Macht, das Verhalten anderer zu beeinflussen, auf Grund seiner offiziellen Position, seiner physischen Kraft oder seiner finanziellen Möglichkeiten. Der von Partnern abhängige Manager hat sie auf Grund der Zustimmung der Mehrheit seiner Partner, die gewillt sind, sich in ihrem Verhalten von ihm beeinflussen zu lassen.

> Furchtbar viele Menschen verwechseln schlechte Führung mit Schicksal. K. HUBBARD

Wenn irgend etwas geschaffen, in Gang gebracht, aufgebaut oder neu organisiert werden soll, dann müssen die Verantwortlichen ein klares Bild von dem anvisierten Ergebnis haben. Die Ziele von heute sind die Realitäten von morgen, deshalb muß ein fähiges Management klare Zielvorstellungen haben. Fehlen klar umrissene Ziele als Maßstab für die Lenkung von Energie und die Beurteilung einer Entwicklung, dann kann es bei jedem Prozeß zu einer sinnlosen Eskalation kommen. Ein Krieg ohne klar definierte Ziele zum Beispiel führt leicht zu einer Eskalation, die zahllose Menschenleben kostet, Material verschlingt und Unheil anrichtet, ohne daß man weiß, was dadurch erreicht wird.
Ein Sozialfürsorge-Programm ohne klar definierte Ziele hat meist zur Folge, daß mehr Sozialarbeiter angestellt und mehr Gelder ausgegeben werden, ohne daß irgend jemand weiß, was dadurch erreicht wird – außer eben daß mehr Sozialarbeiter angestellt und mehr Gelder ausgegeben werden. Was immer man ohne im voraus festgesetzte Ziele erreichen mag, es ist nur eine Sache des Zufalls.

> Wenn man nicht weiß, wohin man geht, landet man irgendwo anders. LAURENCE J. PETER

PETER-PROGRAMM PUNKT 26

Die Peter-Perspektive: *Erkennen Sie Ihr Ziel*

Ein klares Ziel ist eine genaue Vorstellung, wie etwas am Ende eines Prozesses sein oder aussehen soll. Es ist eine eindeutige Aussage über die für den Abschluß einer Tätigkeit erstrebten Bedingungen.
Ein Ziel ist etwas anderes als eine eingeschlagene Richtung. Es ist in Wahrheit eine Bestimmung. Mehr Geld verdienen zu wollen ist eine Richtung, nicht ein Ziel. Wer den Ehrgeiz hat, reich zu werden, hat eine Richtung, aber kein Ziel. Vermutlich würde er in seinem auf Eskalation gerichteten Verhalten erst zur Ruhe kommen, wenn er alles Geld der Welt erworben hätte.
In einem sinn- und ziellosen Krieg kann das Zählen der Toten des Gegners als ein Hinweis auf die Richtung verstanden werden: die Eskalation des Tötens würde theoretisch erst dann ein Ende haben, wenn alle mutmaßlichen oder angeblichen Feinde tot wären.
Gewöhnlich tritt irgendein Umstand ein, der die Fortdauer einer ständigen Eskalation verhindert. Der Tod macht der ehrgeizigen Karriere dessen, der nach Reichtum strebt, ein Ende. Die kriegführenden Parteien geraten unter irgendeinen Druck und suchen in Verhandlungen einen Ausweg.

Grobe Fehler werden oft, wie dicke Seile, aus einer Vielzahl dünner Fädchen gemacht. VICTOR HUGO

Das Fehlen vernünftig durchdachter Ziele wird in vielen menschlichen Unternehmungen offenbar. Unglücklicherweise bedarf der Mensch keiner lohnenden Ziele, um sich heftig anzustrengen. Alles, was er braucht, ist eine Richtung, selbst wenn es Eskalation um der Eskalation willen oder selbstzerstörerische Eskalation in völliger Blindheit ist.

Ich bin verloren, aber ich mache Rekordzeit!
EIN PILOT, IRGENDWO ÜBER DEM PAZIFIK

Die Stillegung des Betriebs der Minengesellschaft D. Zaster in Deeprest Valley machte viele Menschen in Excelsior County arbeitslos. Staatliche Mittel wurden zur Verfügung gestellt, und P. Brayne wurde zum Leiter eines Sonder-Fürsorgedienstes ernannt, der die Opfer der Wirtschaftskrise unterstützen sollte. P. Brayne richtete sich ein Büro ein und umgab sich mit einem ganzen Stab von Sozialarbeitern und psychologischen Beratern. Jeder Antragsteller mußte viele Befragungen über sich ergehen lassen, über jeden einzelnen Fall wurde eine Akte angelegt. Wenn sich herausstellte, daß ein Antragsteller psychisch bedingte Schwierigkeiten hatte, verhalf man ihm zu einer psychologischen Beratung. Diejenigen Antragsteller, die pünktlich zu den Verabredungen mit ihrem Fürsorger erschienen, sorgfältig die Fragebogen ausfüllten und sich bereitwillig den Tests und Befragungen unterzogen, erhielten als erste finanzielle Hilfe. Je abhängiger sie wurden, um so mehr Unterstützung erhielten sie. Je mehr Probleme ein Antragsteller vorbrachte, um so mehr hatte der Fürsorger das Gefühl, daß er gebraucht wurde. Binnen kurzem hatte eine Gruppe reifer, unabhängiger Bürger gelernt, zu Fürsorgefällen mit zahlreichen Problemen zu werden. P. Brayne schrieb glühende Berichte, in denen er die Vielzahl der Maßnahmen beschrieb, die er getroffen hatte, um die komplexen sozialen, psychischen, familiären, gesundheitlichen und finanziellen Probleme der Einwohner von Deeprest Valley in Excelsior County zu lösen. In Wirklichkeit führte die von ihm eingeschlagene Richtung dazu, daß die Bürger von Excelsior County geschickte Fürsorgekonsumenten wurden.

Berufliche Mildtätigkeit – die Milch menschlicher Blindheit. JOHN MASEFIELD

Einem der Fürsorgeempfänger, Owen Mann, gelang es, eine Anstellung zu finden. Seine Fürsorgerin, May Cling, war enttäuscht und fühlte sich von Mann zurückgestoßen. In ihrem Bericht stellte sie fest, daß Owen Mann zu einer so unabhängigen Handlungsweise noch nicht

in der Lage sei, da er die Reihe der für ihn vorgesehenen therapeutischen Beratungssitzungen noch nicht abgeschlossen habe.
P. Braynes Programm hatte eine Richtung. Es vermittelte Hilfeleistungen – und führte zu einer raschen Eskalation, soweit es die verfügbaren Geldmittel zuließen. Dem Programm fehlten nur die Ziele. Die erwünschten Ergebnisse waren nicht klar umrissen. Weder berücksichtigte es die Berufssparten, in denen die ehemaligen Angestellten der Minengesellschaft tätig gewesen waren, noch sah es irgendwelche Möglichkeiten vor, diejenigen zu ermutigen, die bereit waren, zur Selbsthilfe zu greifen und sich umschulen zu lassen oder irgend etwas zu unternehmen. P. Brayne war unwissentlich unfähig.

> Ein Versager ist ein Mann, der Fehler gemacht hat und nicht fähig ist, Nutzen aus der Erfahrung zu ziehen.
> ELBERT G. HUBBARD

Die Peter-Perspektive ist der Versuch, sich vorzustellen, wie etwas sein wird, wenn das Ziel erreicht ist. Man muß sich über die wesentlichen Eigenschaften des «Endprodukts» im klaren sein – muß den Leistungsstandard der Absolventen eines Lehrgangs abschätzen oder beurteilen können, was die Einwohner von Deeprest Valley in Excelsior County tun werden. Nur wenn man ein klares Bild der Zukunft oder des Ergebnisses vor Augen hat, hat man ein Ziel.

> Viele verfolgen hartnäckig den Weg, den sie gewählt haben, aber nur wenige das Ziel. FRIEDRICH NIETZSCHE

PETER-PROGRAMM PUNKT 27

Die Peter-Prozedur:
Unterziehen Sie jede Leistung einer kritischen Prüfung

Sinn eines klaren Zieles ist es, jedem die Möglichkeit zu geben, selber zu entscheiden, was er tun muß, damit er es ohne ständige Anweisung oder Anleitung tun kann. Die Pläne und Berechnungen für den Bau eines Hauses sind symbolische Darstellungen für seine erfolgreiche Errichtung. Man zieht sie immer wieder heran, um festzustellen, wieviel bereits erledigt wurde und was zur Fertigstellung des Projekts noch zu tun ist.
Wenn ein angemessenes Ziel fehlt, versucht man diesen Mangel oft durch erhöhten Input auszugleichen – man stellt mehr Arbeitskräfte ein, setzt die Anforderungen herauf, treibt die Angestellten zu größerer Leistung an.
Fehlt ein Ziel, das genau umreißt, was erreicht werden soll, mag der

einzelne seine Leistung noch so sehr steigern und noch so emsig arbeiten – es bleibt am Ende doch eine nutzlose Aktivität, die nichts bewirkt.

Nicht jener Schreiner ist der beste von allen, bei dem mehr Späne als bei andern fallen. A. GUITERMAN

M. Patient, Werkmeister einer Kugellagerfabrik, erhielt über seine Vorgesetzten Reklamationen von Kunden in Übersee, wonach die Kugellager nicht den dortigen Ansprüchen gerecht wurden. M. Patient war zutiefst bestürzt. Er ging zu seinen Leuten und schrie sie an: «Paßt gefälligst besser auf!» Die Männer wollten ihren Werkmeister zufriedenstellen und verringerten deshalb das Tempo ihrer Maschinen und verwendeten mehr Sorgfalt auf ihre Arbeit. Doch die Reklamationen hörten nicht auf. M. Patient, tief erbittert, daß seine Leute ihn enttäuscht hatten, wurde immer ausfälliger in seinen Beschuldigungen. Die Männer arbeiteten noch langsamer und achteten noch sorgfältiger auf jede mögliche Fehlerquelle. Leider stellte M. Patient nie fest, was das eigentliche Problem war und wie es sich lösen ließ. Seine Vorgesetzten legten Wert auf Kugellager, die stärkeren Belastungen standhielten. Seine Leute nahmen an, er verlange geringere Toleranzen. All sein Schreien und Toben half ihm nicht, die simple Tatsache festzustellen, daß der Stahl mangelhaft war.

Voreilige Schlüsse führen selten zu glücklichem Erfolg. S. SIPORIN

PETER-PROGRAMM PUNKT 28

Der Peter-Pakt:
Beteiligen Sie Ihre Mitarbeiter an der Zielsetzung

Wenn Ziele ihren maximalen Wert haben sollen, dann müssen sie von allen Beteiligten verstanden und akzeptiert werden.
Schließen Sie den Peter-Pakt mit Ihren Mitarbeitern. Wenn Sie diejenigen, die für das Erreichen eines Zieles verantwortlich sind, schon an der Zielsetzung beteiligen, werden sie sich verständnisvoller und williger dafür einsetzen.

Wenn sein Verstand versagt, habe Geduld mit ihm.
SALOMON

Al Paca, Direktor der Wollspinnerei in Excelsior, war beunruhigt über die starke Konkurrenz der Excelsior Synthetics. Er erklärte seinen Abteilungsleitern, man müsse den Konkurrenzkampf gewinnen, oder die Firma werde Konkurs machen. Einige Wochen später hatten sie ihre Antwort parat. Frank A. Praisal von der Weberei-Abteilung verkündete: «Meine Abteilung ist in der Lage, die Produktion um 25 Prozent zu steigern, wenn die Spinnerei-Abteilung das Garn liefern kann.» Der Leiter der Spinnerei-Abteilung, Will Spindall, erwiderte: «Meine Abteilung ist jetzt in der Lage, Garn von noch besserer Qualität zu produzieren. Wir werden ab sofort 25 Prozent weniger als vorher produzieren, dafür aber ein Garn von überlegener Qualität.»

> Hier ist noch eine weitere Perle an der Schnur der Verwirrung.
> WILLIAM E. WOODWARD

PETER-PROGRAMM PUNKT 29

Die Peter-Politik: *Setzen Sie Gruppenziele, die mit persönlichen Zielen vereinbar sind*

Ein tüchtiger Manager setzt Ziele, die zugleich dem einzelnen helfen, seine persönlichen Ziele zu verwirklichen.

Die Peter-Politik wird vor allem von Betrieben angewandt, die ihren Mitarbeitern eine Gewinnbeteiligung einräumen. Die Angestellten haben die gleichen Ziele wie die Firmenleitung, da beide am Erfolg beteiligt sind.

In den letzten Jahren kam es gelegentlich zu beachtlichen Verstößen gegen diese Regel. Einzelne Vorkämpfer der Bürgerrechts- und Frauenbefreiungsbewegungen schienen zunächst Ziele zu verfolgen, die mit denen der Mehrheit ihrer Gruppen übereinstimmten. Später stellte sich dann zuweilen heraus, daß sie vor allem persönliche Macht für sich erstrebten. Andere mit dem gleichen Bedürfnis nach Publicity stiegen innerhalb solcher Gruppen auf, und die Folge waren Rivalitäten und Fehden zwischen den Führern der verschiedenen Splittergruppen.

> Diejenigen, die eine friedliche Revolution verhindern, machen eine gewaltsame Revolution unausweichlich.
> JOHN F. KENNEDY

PETER-PROGRAMM PUNKT 30

Die Peter-Position: *Berücksichtigen Sie, wenn Sie sich ein Ziel setzen, die Bedürfnisse*

Bedürfnisse können allgemein verbreitet und dauerhaft sein, während Produkte und Methoden oft schnell veralten. Pferd und Wagen sind so gut wie verschwunden, die Ozeandampfer machen heute hauptsächlich noch Luxus-Kreuzfahrten. Bestimmte Beförderungsmethoden sind also veraltet, während gleichzeitig die Nachfrage nach Beförderungsmitteln immer weiter gestiegen ist.

So sollten Sie sich zum Beispiel das Ziel setzen, nicht die beste Filmkamera bis zum Jahre 1985 zu bauen, sondern vielmehr das beste Gerät zu konstruieren, mit dem sich lebendiges Leben festhalten läßt. Bis 1985 wird die Filmkamera wahrscheinlich weitgehend vom preiswerten Video-Recorder verdrängt worden sein.

> Oft kommt mir der Gedanke, daß ich die Zukunft beneide
> um das, was sie über die Vergangenheit wissen wird.
>
> BERNARD BERENSON

Excelsior Bay war eine Siedlung für Ruheständler an der Südküste, einige Meilen von Excelsior City entfernt. Zwei Wassersportenthusiasten, die als Geschäftsleute Erfolg gehabt und es zu Vermögen gebracht hatten, gründeten auf den gegenüberliegenden Seiten der Bucht Bootswerften. Beide suchten ein gesünderes, friedlicheres Leben, beide wollten ihr Hobby zu ihrem Beruf machen.
D. Zion, der Besitzer der D. Zion Boat Company an der Nordseite der Excelsior Bay, stellte einen erstklassigen Schiffsbauingenieur ein und gab ihm den Auftrag, das schnellste, luxuriöseste Motorboot, die eleganteste Schaluppe und den schnittigsten Katamaran zu entwerfen. Er ließ einige ausgesucht schöne Modelle bauen, die auch tatsächlich von ein paar reichen Wassersportlern gekauft wurden, doch im ganzen gingen seine Geschäfte schlecht, und sein Vermögen schwand dahin. Schließlich machte D. Zion Konkurs, und seine schönen unverkauften Boote kamen unter den Hammer des Auktionators. D. Zion hatte nur an das Produkt, nicht an Nachfrage und Bedürfnisse gedacht.

> Zweifel ist zwar kein angenehmer geistiger Zustand, aber
> Gewißheit ist ein lächerlicher. VOLTAIRE

Will B. Reddy, der seine Werft an der Südseite der Bucht errichtet hatte, überlegte sich, wie ein brauchbares Boot für einen im Ruhestand lebenden Mann mit begrenzter Bootserfahrung aussehen müsse. Er fertigte Entwürfe an und zeigte sie einigen der in Excelsior Bay lebenden Ruheständler. Schließlich konnte er mit einem Entwurf aufwarten, der genau den Bedürfnissen der potentiellen Käufer entsprach. Will B. Reddy entschloß sich, seine Bemühungen auf den Bau weitausladender, schlichter Hausboote mit niedriger Geschwindigkeit zu konzentrieren: Boote, die sicher und geräumig und vielseitig verwendbar waren. Man konnte mit ihnen Angeltouren unternehmen, die Binnenwasserwege erforschen und bequem auf ihnen leben. Der Rumpf war aus besonders hartem Kunststoff, und die Innenbord- oder Außenbordmotoren ließen sich zu Wartungs- oder Reparaturzwecken leicht ausbauen. Will B. Reddy baute auch ein Bootshaus, wo man Ersatzteile kaufen und Werkzeug leihen konnte, so daß die Eigner nicht nur einen Bootsplatz

hatten, sondern auch in der Lage waren, kleinere Reparaturen selbst auszuführen. Ein Wartungsmechaniker half ihnen mit Rat und Tat. Später richtete Will ein Klubhaus mit Bar und Restaurant ein.
Die noch rüstigen Bewohner von Excelsior Bay waren sehr angetan von den neuen Möglichkeiten, die sich ihnen hier boten, und Wills Bootshaus wurde bald zum Mittelpunkt der Gemeinde. Will selbst fand Erfüllung und echtes Glück in seiner neuen Arbeit. Immer wieder erhielt er Angebote von Unternehmern, die seine Werft kaufen wollten, lehnte sie jedoch stets ab. Sein Ziel, nur Boote bester Qualität zu bauen, ließ es gar nicht erst zu einer unerwünschten Eskalation kommen. Will B. Reddy war und blieb ein angesehenes und geschätztes Mitglied der Gemeinde von Excelsior Bay.

> Sicherlich wird niemand sich um denjenigen kümmern, der sich um niemanden kümmert. THOMAS JEFFERSON

PETER-PROGRAMM PUNKT 31

Der Peter-Pragmatismus: *Setzen Sie sich nur erreichbare Ziele*

Es ist gar nicht so leicht, sich ein Ziel zu setzen, das zu erreichen *möglich* ist, da immer so viele Leute bei der Hand sind, die einem sagen wollen, was sie für *vernünftig* halten. Verwechseln Sie niemals *möglich* mit *vernünftig*. Wenn man fünfzehn Jahre alt, spindeldürr und schmächtig ist und Berufsakrobat werden möchte, ist das vielleicht nicht vernünftig, aber doch möglich, wenn man gewillt ist, die notwendigen Opfer zu bringen. Ist man dagegen – bei der gleichen Kondition – dreiundfünfzig statt fünfzehn Jahre alt, dann ist ein solches Ziel unvernünftig und höchstwahrscheinlich auch nicht erreichbar. In einem solchen Fall stimmt Ihr Timing nicht!
Physisch behinderte Menschen haben im Sport wie auch auf anderen Gebieten Erfolge erzielt, doch werden solche Erfolge immer erst nach einer langen Zeit ständiger Übung erreicht, und außerdem liegt hier eine ungewöhnliche Motivation vor. Eine wirkliche Errungenschaft auf fast jedem Gebiet menschlichen Bemühens ist so gut wie immer das Ergebnis möglicher, erreichbarer Ziele, die über eine lange und zuweilen harte Entwicklungsperiode hin verfolgt wurden.
Das Ziel, innerhalb von zehn Jahren einen Menschen auf den Mond zu bringen, war zwar ein Wagnis, aber es war ein erreichbares Ziel, und nach unablässigen Bemühungen erlebten die an dem Produkt Beteiligten, daß es tatsächlich erreicht wurde.

> Alles sollte so einfach wie möglich gemacht werden, aber nicht einfacher. ALBERT EINSTEIN

PETER-PROGRAMM PUNKT 32

Die Peter-Pointe: *Teilen Sie Ihr Ziel in Wort und Tat mit*

Die wirksamsten Möglichkeiten, anderen ein Ziel vor Augen zu halten, sind: 1. das Ziel in konkreten Worten darzulegen, 2. Belohnungen auszusetzen, aber nur für diejenigen, die das Ziel verfolgen, und 3. die eigenen Handlungen auf das Ziel abzustimmen.

> Handlungen sprechen lauter als Worte – aber nicht so oft.
>
> AUS EINEM BAUERNALMANACH

Miss Pearly Gates, die Lehrerin einer sechsten Klasse der Grundschule von Excelsior, erklärte ihren Schülern, es sei ihr Wunsch, daß sie beim nationalen Schultest als beste Klasse von Excelsior abschnitten. Sie rief ihnen dieses Ziel einmal in der Woche ins Gedächtnis. An den übrigen Wochentagen jedoch lobte sie die Schüler, die sich am ordentlichsten betrugen und am saubersten ihre Schulaufgaben machten. Ihre Schüler zeichneten sich dadurch aus, daß sie hervorragend auswendig lernten, sich anpaßten und ihre Hefte sauber und ordentlich führten. Beim Schultest allerdings schnitt die Klasse als eine der schlechtesten der Stadt ab. Für Miss Gates war das ein ausgesprochener Schock. Sie war enttäuscht, da sie den Schülern doch gesagt hatte, wie sehr ihr an einem guten Ergebnis gelegen sei. Die einzigen Schüler, die gute Noten erzielten, waren diejenigen, die sich ihre eigenen Ziele gesetzt hatten. Miss Gates dagegen hatte durch ihr Verhalten eine Klasse wohlerzogener Automaten gezüchtet, die ihr durch Höflichkeit, saubere Schulhefte und das Auswendiglernen unwichtiger Dinge zu gefallen versuchten.
Dieses Verhalten erwies sich in dem Augenblick als wenig nützlich, als es für die Schüler darum ging, die beim Schultest gestellten Aufgaben zu lösen.
Miss Pearly Gates erkannte, daß sie ihr Ziel nicht deutlich genug mitgeteilt hatte. Sie verdoppelte im folgenden Schuljahr ihre Bemühungen und sagte ihrer Klasse zweimal in der Woche, wie wichtig der nationale Schultest sei.

> Er stürzte aus dem Zimmer, warf sich auf sein Pferd und ritt wie verrückt in alle Richtungen davon.
>
> STEPHEN LEACOCK

PETER-PROGRAMM PUNKT 33

Die Peter-Portion: *Setzen Sie sich Zwischenziele, und beteiligen Sie andere daran*

Jedes entscheidende Ziel wird in Etappen erreicht: der Weg führt über eine Reihe von Stufen oder Zwischenzielen.

Am Ostende von Excelsior, wo sich eine weitere Grundschule befand, unterrichtete Miss Rosie Day eine Klasse, die sich aus Kindern zusammensetzte, deren Familien kulturellen und rassischen Minderheiten angehörten. Auch Miss Day legte Wert darauf, daß ihre Klasse beim Schultest mit guten Noten abschnitt. Sie hatte das Gefühl, den Kindern aus diesem vernachlässigten und heruntergekommenen Stadtviertel werde eine solche Ermutigung vor dem Wechsel in die Oberschule besonders gut tun. Sie redete ihren Schülern zu und forderte sie auf, sich Mühe zu geben, damit sie alle den Schultest bestünden. Sie stachelte sie an, indem sie ihnen Zwischenziele setzte, an denen sie ihren Fortschritt auf das Endziel hin selber messen konnten. Die Kinder schlugen vor, man solle sich in der Beantwortung von Fragen üben, wie sie bei dem Test vermutlich gestellt würden, und sie baten Miss Day, Fragen zu beschaffen, die in früheren Jahren bei dem Test gestellt worden waren. Miss Day besorgte die Testfragen der letzten sechs Jahre und ordnete sie nach Schwierigkeitsgraden. In der ersten Woche wurde der Unterrichtsstoff wiederholt, den die Kinder beherrschen mußten, um die einfachsten Fragen beantworten zu können. Als die Ergebnisse des ersten Probetests vorlagen, waren die Schüler begeistert darüber, wie gut sie abgeschnitten hatten, und trauten sich zu, auch den endgültigen Test zu bestehen. Jede Woche bereiteten sie sich auf einen weiteren Zwischentest vor, und als das Schuljahr zu Ende ging, waren alle gut vorbereitet und guten Mutes.

Als Miss Rosie Day einmal ihrer Kollegin Miss Pearly Gates begegnete, meinte Miss Gates: «Ihre Schüler mußten den Test ja bestehen. Schließlich haben Sie mit ihnen nichts anderes getan, als dafür zu üben.» Rosie Day war keineswegs gekränkt. Sie wußte, was ihr Ziel gewesen war. Die Schüler hatten sich am Abstecken der Zwischenziele beteiligt und gearbeitet, um sie zu erreichen, und Miss Day hatte sie gelehrt, mit einem besonderen Ziel vor Augen zu lernen. Die Kinder hatten gelernt, wie man lernt.

> Reformer sind diejenigen, die Menschen dazu erziehen,
> daß sie erkennen, was sie brauchen. ELBERT G. HUBBARD

PETER-PROGRAMM PUNKT 34

Die Peter-Präzision: *Setzen Sie stets klare, wahrnehmbare oder meßbare Ziele*

Ziele sollten immer wahrnehmbar oder meßbar sein, damit jeder in der Lage ist, zu erkennen, ob und wie sie erreicht wurden. Ein Ziel, das ein bestimmtes, wahrnehmbares Ereignis beschreibt, hat weit größere Wirksamkeit als eines, das in allgemein gehaltenen Worten gestellt wird. Ein Ziel, das besagt, der *Excelsior Daily Mirror* wolle sein Image bei der Öffentlichkeit verbessern, beschreibt nichts, was direkt wahrnehmbar ist. Besser wäre es, dieses Ziel durch eine Anzahl spezifischer Angaben zu veranschaulichen und genauer zu umreißen. Beispielsweise wären folgende Punkte denkbar: 1. Innerhalb eines Jahres werden das Verwaltungsgebäude und die Druckerei frisch gestrichen. 2. Das Gelände wird mit Rasen und schattigen Bäumen verschönt. 3. Sämtliche Verkaufsstände in der Stadt werden durch moderne, attraktive Einrichtungen ersetzt.

Jedes allgemein gehaltene Ziel – Verbesserung der Umwelt, Verschönerung der Stadt oder Intensivierung der Beziehungen zu anderen Ländern – läßt sich durch eine Reihe spezifischer Ziele ausdrücken, die es erleichtern, das Hauptziel zu erreichen. Die einzelnen Peter-Programm-Punkte sind ein Beispiel für spezifische Ziele, die einem Hauptziel dienen. Das Hauptziel des Peter-Programms ist es, Sie zu veranlassen, daß Sie auf ein besseres Leben hinarbeiten und jede Art der Eskalation, die zur Unfähigkeit führt, vermeiden. Dies läßt sich dadurch erreichen, daß Sie sich an die einzelnen Peter-Programm-Punkte halten.

> Es ist nämlich nicht genug, von der Tugend zu wissen, sondern wir müssen uns bemühen, sie zu besitzen und uns ihrer zu bedienen oder andere Schritte zu unternehmen, die uns gut machen. ARISTOTELES

PETER-PROGRAMM PUNKT 35

Der Peter-Punkt: *Lernen Sie es, sich mit etwas zufriedenzugeben*

In einer Gesellschaft, die auf unaufhörlicher Eskalation basiert, mag es zunächst schwierig sein, einen Punkt zu machen und sich zufriedenzugeben. In einer Welt, in der Quantität, Reichtum, Macht und Masse höher bewertet werden als Qualität und Selbstverwirklichung, besteht immer die Gefahr, daß man Eskalation mit Befriedigung verwechselt. Glück und Zufriedenheit kann es immer nur in der Gegenwart geben. Jede Form der Eskalation steht der Zufriedenheit im Wege. Man kann aber nicht glücklich sein über etwas, das man möglicherweise in der

Zukunft erlangen wird – nicht bevor die Zukunft Gegenwart geworden ist. Werden Sie, wenn Sie diese Zukunft erreicht haben, zufrieden sein, oder werden Sie dann Ihre Zufriedenheit in einer anderen Zukunft suchen? Wann werden Sie sich der Gegenwart freuen? Können Sie eine Pause machen und das Glück genießen, das Ihnen hier und heute beschieden ist? Sind Sie gewillt, einen neuen Anfang zu machen und die Gegenwart zu genießen, indem Sie lernen, das, was Sie hier und heute haben, besser zu würdigen?

> Rede weise, hab acht auf das wahre Glück, und schau um dich, bevor du dich auf etwas einläßt, denn wie du säst, so wirst du ernten. SAMUEL BUTLER

Unsere auf Zuwachs gerichtete Besessenheit hat die Welt zu einem Ort gemacht, wo man gefährlich lebt. Wir haben unsere natürlichen Ressourcen erschöpft. Wir haben ein Bevölkerungsproblem, die Probleme der Umweltverschmutzung, und wir nähern uns einem Punkt, wo unser Leben und Überleben gefährdet ist. Wenn wir überleben wollen, muß jeder bereit sein, der Eskalation ein Ende zu machen und damit anzufangen, sich qualitativen statt quantitativen Zielen zuzuwenden. Das ist das wichtigste aller Ziele, weil es das einzige ist, das der Prüfung durch die Zeit standhält.

> Die Qualität amerikanischen Lebens muß mit der Quantität amerikanischer Güter Schritt halten. JOHN F. KENNEDY

10. KAPITEL

Das rationale Vorgehen oder Nachdenken über das, worüber man nachdenkt

> Es erfordert einen sehr ungewöhnlichen Geist, das Offenkundige zu analysieren. ALFRED N. WHITEHEAD

Durch die Gabe der Vernunft unterscheidet sich der Mensch von anderen Lebewesen. Sie gibt ihm die Möglichkeit, der Gefahr einer Selbstvernichtung entgegenzuwirken. Vernunft ist nicht mit Intelligenz zu verwechseln. Sie ist vielmehr eine Art angewandter Intelligenz.

Oft wird Intelligenz falsch angewendet, weil man das, was man gern glauben möchte, mit dem verwechselt, was ist.

> Die Hälfte der Fehler, die wir in unserem Leben machen, entsteht daraus, daß wir fühlen, wo wir denken sollten, und denken, wo wir fühlen sollten. J. COLLINS

Rationales Vorgehen wird in Schulen und an Universitäten gelehrt, und doch wird es außerhalb der Klassenzimmer und Hörsäle selten praktiziert. Viele Menschen verschließen lieber die Augen vor dem, was um sie herum vorgeht, und handeln im Vertrauen auf ihr Glück. Wirtschaftsakademien und Lehrbücher für Management lehren komplizierte, formalisierte Verfahren zur Lösung von Problemen und zur Entscheidungsfindung – Verfahren, die schwer einzuhalten sind unter dem Stress des Alltags, wenn es darauf ankommt, schnell und unverzüglich zu reagieren.

> Der Rat, den ältere Leute den jüngeren geben, ist oft ebenso unrealistisch wie eine Liste der hundert besten Bücher. OLIVER WENDELL HOLMES JR.

Wenn Sie die Straße überqueren und ein Auto kommt mit hoher Geschwindigkeit auf Sie zu, ist es unwichtig, ob Sie vorwärtslaufen oder zurückspringen. Entscheidend ist, daß Sie dem Auto ausweichen. In vielen Situationen im Leben kommt es in ähnlicher Weise darauf an, *unverzüglich* zu reagieren.

> Wenn du wählen mußt und es nicht tust, ist das auch eine Wahl. WILLIAM JAMES

Man kann es lernen, vernünftige Entscheidungen zu treffen, wenn man sich darin übt, immer und auch in kleinen Dingen rational vorzugehen, so daß man schließlich in der Lage ist, auch in Stress-Situationen rational zu reagieren. Ein erfahrener Autofahrer, der auf einer Bergstraße um eine Kurve kommt und plötzlich ein stehengebliebenes Fahrzeug vor sich sieht, das beide Fahrbahnen versperrt, reagiert sofort, indem er auf die Böschung ausweicht und, nachdem er durch den lockeren Kies geschlittert ist, seinen Wagen wieder unter Kontrolle und zurück auf die Straße bringt. Er weiß, daß er mit knapper Not davongekommen ist. Er hält an, um sich von seinem Schock zu erholen, und geht in Gedanken die Situation noch einmal durch. Er ist selbst verblüfft, wie schnell er, Zug um Zug, eine Reihe richtiger Entscheidungen getroffen hat.

Ein unerfahrener Autofahrer, der sich derselben Situation gegenübersieht, gerät womöglich in Panik, und dann kann es leicht geschehen, daß er mitsamt seinem Wagen die Klippen hinunterstürzt.

Wie kommt es zu diesem Unterschied? Der erfahrene Autofahrer hat unter weniger riskanten Bedingungen bereits zahllose vernünftige Entscheidungen getroffen und ist nun, auf Grund dieser Erfahrungen, in der Lage, im Notfall automatisch zu reagieren.

> Mut ist zu einem großen Teil der Mut, etwas schon einmal getan zu haben. RALPH WALDO EMERSON

PETER-PROGRAMM PUNKT 36

Der Peter-Prozeß: *Treffen Sie Ihre Entscheidungen auf der Basis rationaler Verfahren*

Rationales Vorgehen verlangt, daß Sie sich *drei rationale Fragen* stellen und daß alles, was Sie tun, mit Ihren Antworten auf diese Fragen in Einklang steht. Alles Weitere erfordert untergeordnete Methoden, die durchaus nützlich sind und die effektive Leistung steigern mögen, doch selbst wenn Sie sich nur die drei Fragen ins Gedächtnis rufen, so werden Sie schon allein dadurch in der Lage sein, den richtigen Lösungen näherzukommen.

Drei rationale Fragen

1. Wo bin ich?
2. Wo möchte ich sein?
3. Wie finde ich heraus, wie ich dort hingelange?

> Jeder hat irgendwo eine gesunde Stelle.
> ROBERT LOUIS STEVENSON

1. Wo bin ich?

Eine Entscheidung treffen heißt soviel wie beschließen, etwas zu tun oder nichts zu tun. Entscheidungen, wie ein abgebrochenes Studium fortzusetzen, sich zu verheiraten, sich scheiden zu lassen, die Stellung zu wechseln, Geschäftsmann zu werden, sich zur Ruhe zu setzen, oder geschäftliche Entscheidungen, sollten auf einer realistischen Einschätzung der bestehenden Situation beruhen.

Sie können einzig und allein vom Hier und Heute ausgehen. Sie müssen da beginnen, wo Sie stehen. Eine realistische Bewertung Ihres Standorts sagt Ihnen, ob es nötig ist, eine Änderung herbeizuführen, und sie gibt Ihnen zugleich die Möglichkeit, später zu beurteilen, ob ein Fortschritt erzielt wurde oder nicht.

> Abseits von der nackten Wahrheit versinkt unser Leben mehr oder weniger dekadent inmitten des betäubenden Wohlgeruchs von Andeutungen, Anspielungen und Ahnungen. ALFRED N. WHITEHEAD

2. *Wo möchte ich sein?*

Wenn Sie sich über Ihren Standort im klaren sind, besteht der nächste logische Schritt darin, daß Sie Ihr Ziel erkennen oder herausfinden, wo Sie sein möchten. Wenn Sie zu dem Schluß kommen, daß eine allgemeine Änderung wünschenswert ist, müssen Sie sich darüber klarwerden, wie die Dinge nach der Änderung für Sie aussehen sollen. Kommen Sie zu dem Schluß, daß ein Problem zu lösen ist, müssen Sie sich darüber klarwerden, was im einzelnen durch die Lösung bewirkt werden soll.
Wenn Sie ihr ideales Ziel genau umrissen haben, sollten Sie prüfen, welcher Aufwand an Zeit, Geld und Mühe notwendig ist, um es zu erreichen, und ob es eventuell andere Wege und Methoden gibt, die zu ihm hinführen. Auf diese Weise können Sie abschätzen, wieweit Ihr Ziel realistisch ist. Vielleicht stellen Sie fest, daß sich Ihr Ziel ohne weiteres verwirklichen läßt, vielleicht aber entschließen Sie sich auch, es abzuwandeln, um es mit Ihren realen Möglichkeiten in Einklang zu bringen.

> Es ist wichtiger, das Richtige zu tun, als etwas richtig zu tun. P. DRUCKER

3. *Wie finde ich heraus, wie ich dort hingelange?*

Wenn Sie in fünf Tagen mit dem Auto von New York nach Los Angeles fahren möchten, werden Sie für Ihre erste Zwischenstation beispielsweise Dayton, Ohio, vorsehen. Wollen Sie die Strecke dagegen in vier Tagen zurücklegen, werden Sie sich vielleicht St. Louis als erstes Ziel vornehmen. Wenn Sie es am ersten Tag nicht bis Dayton schaffen, müssen Sie entweder schneller fahren oder weniger Pausen machen, oder aber eine längere Gesamtzeit für die Fahrt ansetzen. Die Strecke, die Sie am ersten Tag schaffen, gibt Ihnen einen Maßstab für Ihr Vorhaben und zeigt Ihnen, wie weit Sie sich dem von Ihnen erstrebten Ziel nähern.
Viele Institutionen, Firmen und Einzelpersonen streben nach Eskalation, ohne die nötigen Voraussetzungen dafür zu schaffen. Wenn der Umsatz sinkt, stellen viele Firmen zusätzliche Vertreter ein, statt ihre Produktion einer kritischen Prüfung zu unterziehen. Wenn die Rate

der Rücksendungen von seiten der Kunden ansteigt, stellen sie zusätzliche Kontrolleure ein, statt die Herstellungsverfahren zu prüfen und zu verbessern. Vertreter können keine größere Nachfrage schaffen, sie können sie nur nutzen. Kontrolleure verbessern nicht die Qualität, sie entdecken nur Mängel.

> Wo das technische Können vorhanden ist, dessen es bedarf, um Berge zu versetzen, bedarf es nicht des Glaubens, der Berge versetzt. E. HOFFER

Wenn Sie im voraus Ihre Route festlegen und dabei sowohl die einzelnen Etappen als auch die Zeit, die Sie dafür brauchen, berücksichtigen, können Sie sich unterwegs immer wieder Klarheit über Ihre Fortschritte und über etwaige Abweichungen von Ihrem Plan verschaffen. Das wiederum hilft Ihnen bei weiteren Planungen. Selbst wenn Sie sich unterwegs nur immer wieder über Ihren Standort klarwerden und feststellen, daß Sie sich vom Ausgangspunkt ein Stück auf Ihr Ziel zubewegt haben, verfügen Sie noch über genügend Elemente eines rationalen Systems, das es Ihnen ermöglicht, die meisten Ihrer Probleme zu lösen.

Bei den drei Fragen konzentrieren Sie Ihre Aufmerksamkeit auf den Ausgangspunkt, den Endpunkt und die dazwischenliegenden Etappen. Sofern Sie nicht zu denen gehören, die einfach keine Entscheidungen treffen können, locken die Fragen ganz automatisch eine Entscheidung aus Ihnen hervor.

> Niemand ist beklagenswerter als jener Mensch, dem nichts so sehr zur Gewohnheit geworden ist wie Unentschlossenheit. WILLIAM JAMES

Erwägen Sie Alternativlösungen, einerlei, woher sie stammen, aus Ihrer Phantasie oder Ihren Träumen, von anderen Menschen, aus Erfahrungen der Vergangenheit oder aus technischem Wissen. Ordnen Sie dann die Alternativen, indem Sie die verschiedenen Faktoren wie Risiko, Erfolgschancen, Durchführbarkeit, Timing und so fort abwägen. Treffen Sie die erste Wahl. Solange das gewählte Verfahren Sie dem Ziel näher bringt, brauchen Sie Ihre Entscheidung nicht zu überprüfen. Sobald sich jedoch kein Fortschritt mehr zeigt, muß das gewählte Vorgehen abermals geprüft und notfalls aufgegeben werden. Setzen Sie einen erfolglosen Kurs nicht weiter fort. Es ist keine Schande, eine falsche Entscheidung rechtzeitig als falsch zu erkennen und durch eine bessere zu ersetzen.

> Der einzige, der seine Meinung ändern kann, ist der, der eine Meinung hat. E. WESTCOTT

Vor langer Zeit führten die Vereinigten Staaten von Akirema einmal einen unerklärten Krieg in dem fernöstlichen Land Manteiv. Der Krieg nahm einen ungünstigen Verlauf, und so ließ der alte Präsident L. B. Jackson den für die militärischen Operationen verantwortlichen General zu einer Lagebesprechung zu sich kommen. Der Präsident sah sein Gegenüber prüfend an und sagte: «General Wastemoreland, was ist unser Ziel in Manteiv?»
Der General richtete sich zu seiner ganzen Größe auf und antwortete: «Die feindseligen Elemente zu unterwerfen und zu befrieden.»
«Und was ist dazu erforderlich?» fragte L. B. Jackson und blickte von seinem Podest auf den General hinunter.
«Eine Truppe von vierhunderttausend Mann», erwiderte General Wastemoreland, nachdem er seine Unterlagen konsultiert hatte.
«Vor zwölf Monaten sagten Sie mir, Sie brauchten, um dieses Ziel zu erreichen, zweihunderttausend Mann», sagte der Präsident. «Ich habe Ihnen die zweihunderttausend Soldaten, die Sie verlangt haben, zur Verfügung gestellt. Sind die feindseligen Elemente inzwischen zur Hälfte befriedet?»
«Nein», antwortete der General. «Tatsächlich hat sich das Ausmaß des Widerstandes seit der Ankunft unserer Truppen verdoppelt, was eine Befriedung außerordentlich erschwert.»
Der Präsident antwortete: «Wenn zweihunderttausend Soldaten das Ausmaß des Widerstandes verdoppelt haben, dann dürften vierhunderttausend Mann es wahrscheinlich vervierfachen. General Wastemoreland, ich habe den Eindruck, es handelt sich hier um eine sinnlose Eskalation.»
Er entließ den General und zog alle Truppen aus Manteiv zurück.

> Sie sind nur entschlossen, unentschlossen zu sein, entschieden nur zur Unentschiedenheit, unerschütterlich in ihrem Schwanken und allmächtig nur in ihrer Ohnmacht.
> WINSTON CHURCHILL

PETER-PROGRAMM PUNKT 37

Die Peter-Pünktlichkeit: *Treffen Sie Ihre Entscheidungen rechtzeitig, um angemessen handeln zu können*

Eine Entscheidung im rechten Augenblick zu treffen ist Voraussetzung für ein erfolgreiches Ergebnis. Die Entscheidung, die Stalltür abzuschließen, bevor man das Pferd hineingeführt hat, ist ebenso verfrüht, wie es zu spät ist, die Stalltür abzuschließen, wenn das Pferd über alle Berge ist.

Ich habe lange genug gelebt, um mir gerade die Dinge sorgfältig ein zweites Mal anzusehen, bei denen ich mir auf den ersten Blick ganz sicher bin. JOSH BILLINGS

Will D. Lae war sehr dick und hatte erhebliches Übergewicht, aber er war begeistert von der Idee, Bergsteiger zu werden. Entschlossen, sich nicht unterkriegen zu lassen, brachte er es durch harte Arbeit und ständiges Training dazu, seine Armmuskeln so weit zu entwickeln, daß sie imstande waren, seinen zu schweren Körper zu halten. Er übte an Hängen in der näheren Umgebung, und eines Tages entschloß er sich, sein Können an einem Berg zu erproben, der seines Ehrgeizes würdig war. Er wählte dazu die Granitwand des El Capitan. Als er den steilen Felsen halb erklommen hatte und nach oben blickte, erschrak er: das Seil hatte sich fast durchgescheuert und mußte jeden Augenblick reißen. Er blickte in die Tiefe und sah, daß weder eine vorspringende Kante noch ein Strauch seinen Sturz mildern würde. Er traf eine rasche Entscheidung: er beschloß, ein stärkeres Seil zu verwenden.
Die Entscheidung war richtig – nur das Timing stimmte nicht.

Je mehr Entscheidungen du allein treffen mußt, um so mehr wirst du dir deiner Freiheit, zu wählen, bewußt. Ich meine, man kann von uns nicht sagen, wir seien uns unseres Geistes bewußt, außer wenn wir eine Verantwortung tragen. THORNTON WILDER

PETER-PROGRAMM PUNKT 38

Das Peter-Pendel: *Schaffen Sie ein Gleichgewicht zwischen Angst und Ungeduld*

Es sind mehr Gefühle als unser Verstand, was uns oft hindert, eine gute Lösung für ein Problem zu finden. Zwei der hauptsächlichen psychischen Hindernisse sind Angst und Ungeduld. Viele Menschen verfallen entweder dem einen oder dem anderen. Entweder sie können sich nicht entscheiden, oder sie treffen ihre Entscheidungen zu überstürzt.
Wer sich nicht entscheiden kann, denkt gewöhnlich, er verfahre methodisch, während andere ihn für übervorsichtig halten und glauben, er sei unfähig, eine Entscheidung zu treffen. Wer dagegen immer rasche Entschlüsse faßt, wird sich möglicherweise für sehr dynamisch halten, während andere ihn einen ungeduldigen Hitzkopf nennen. Jeder sollte lernen, Angst und Furcht auszupendeln und auf jede Entscheidung und jedes Problem die Zeit verwenden, die wirklich dafür erforderlich ist.

Zeitvergeudung verdirbt die Karriere. B. C. FORBES

N. D. Cysive und Roman Kandel waren konkurrierende Sportartikelfabrikanten. Beide waren überzeugt, der Absatz von Schneefahrzeugen werde einen geradezu dramatischen Aufschwung erleben, und waren entschlossen, sich ihren Anteil an dem großen Geschäft zu sichern.
N. D. Cysive machte sich auf die Suche nach einem geeigneten Fabrikgelände. Er fand fünf in Frage kommende Objekte, die alle günstig gelegen waren – nicht nur im Hinblick auf Arbeitskräfte und Materialbeschaffung, sondern überdies inmitten eines großen Schneegebietes, so daß die Kosten für Transport und Marketing sich auf einem akzeptablen Niveau bewegen würden. N. D. Cysive konnte sich zu keiner Entscheidung durchringen, da die fünf Objekte in allen wesentlichen Eigenschaften übereinstimmten, und so ließ er eine eingehende Untersuchung durchführen, die klären sollte, welches Gelände das beste sei. Er beauftragte damit eine Firma für Industrieberatung und ließ unabhängig davon in seiner eigenen Firma ein Gutachten erarbeiten. Die beiden Gutachten kamen zu verschiedenen Ergebnissen. Aber auch die weiteren Nachforschungen, die sich über zwei Jahre erstreckten, halfen N. D. Cysive nicht, aus seinem Dilemma herauszukommen.
Roman Kandel, der so schnell wie möglich mit der Produktion beginnen wollte, ging zu seinem Immobilienmakler und beauftragte ihn, eine Fabrik ausfindig zu machen. Es kam zu einem Abschluß, und Roman Kandel nahm die Produktion auf. Leider gab es in der Gegend weit und breit keine Zulieferungsbetriebe, und er mußte Aufträge an Fabriken abgeben, die Hunderte von Meilen entfernt lagen. Die potentiellen Händler für seine Schneefahrzeuge scheuten die weite Reise und unterließen es, sich in der Fabrik die Prototypen anzusehen.
Das große Geschäft mit Schneefahrzeugen machten am Ende Unternehmer, die weder übervorsichtig noch voreilig waren. N. D. Cysive und Roman Kandel machten für ihre Probleme ihre Untergebenen verantwortlich, denen sie vorwarfen, sie hätten die Situation nicht erkannt.

> Wenn du auf goldene Worte zu hören bist bereit,
> Halt dich an dies vor allem: «Handle zur rechten Zeit.»
> FRANKLIN PIERCE ADAMS

Außer Ungeduld und Furcht gibt es noch viele andere gefühlsbedingte Obsessionen, die sich immer wieder durchsetzen und Ausdruck von Bedürfnissen sind, die mit rationalem Denken nichts zu tun haben.
Ivin B. Fore zum Beispiel sucht immer in der Vergangenheit nach Lösungen für seine Probleme, sei es zu seiner Beruhigung, sei es, um sich, wenn etwas schiefgeht, mit dem Hinweis auf die Vergangenheit rechtfertigen zu können. Er prüft jede Entscheidung und klammert sich an Lösungen, die irgendwann einmal zum Erfolg geführt haben. Ivin B.

Fore ist Programmdirektor einer Fernsehanstalt.
I. M. Topps ist stark ichbezogen. Alle Entscheidungen müssen seinem Status und seiner hierarchischen Position Rechnung tragen. Er lehnt es grundsätzlich ab, eine Entscheidung zu widerrufen, und wenn er eine Idee unterstützt, finanziert er sie auch dann noch, wenn sie sich längst als aussichtslos erwiesen hat. Topps trat bei Ford entschieden dafür ein, den Edsel nicht aufzugeben.
Harmony Forall ist der Meinung, daß alle Menschen in einer freundlichen Atmosphäre zusammenarbeiten sollten. Eine Lösung, die irgend jemanden vor den Kopf stößt, ist für ihn undenkbar. Was immer geschieht oder unternommen wird, sein Hauptanliegen ist es, daß Harmonie herrscht. Er ist Beamter und verantwortlich für die Haushaltsplanung.
Art Icles ist von Gedrucktem abhängig. Die besten Lösungen finden sich seiner Meinung nach in teuren gebundenen Büchern. An zweiter Stelle rangieren Beiträge in üppig aufgemachten Fachzeitschriften. Taschenbücher folgen an dritter Stelle, und von Agenturen stammende Berichte sind eben noch akzeptabel, aber auch nur, wenn sie ihm in dreifacher Ausfertigung, mit Schreibmaschine geschrieben, vorgelegt werden. Ohne Unterlagen dieser Art ist es für ihn undenkbar, irgend etwas zu unternehmen oder zu entscheiden. Art Icles ist Leitender Direktor einer Hilfs- und Unterstützungsorganisation.
N. C. Cure läßt sich von seinen Ängsten leiten. Auf Vorschläge seiner Mitarbeiter reagiert er grundsätzlich mit Redensarten wie: «Ich denke doch nicht daran, Kopf und Kragen zu riskieren», oder: «Rühren Sie das bloß nicht erst auf.» Cure ist einer der leitenden Beamten des Gesundheitsministeriums.
Rip A. Sunder hat einen unüberwindlichen Hang zur Übertreibung. Was immer unternommen wurde, er empfiehlt, es mit erhöhtem Einsatz zu wiederholen. Wenn der gewünschte Erfolg ausbleibt, besteht er auf einer dramatischen Eskalation, statt über eine neue Taktik nachzudenken. Rip A. Sunder ist Mitglied eines militärischen Ausschusses.

> Vielleicht wird der Mensch, wenn er seine Umwelt erneuert hat, endlich umkehren und anfangen, sich selbst zu erneuern. WILLIAM J. DURANT

PETER-PROGRAMM PUNKT 39

Die Peter-Pfennigfuchserei: *Verlieren Sie bei Ihren Entscheidungen nie das Ziel aus den Augen*

Gehen Sie sparsam mit Ihren Mitteln und Kräften um, wählen Sie stets den einfachsten und geradesten der Wege, die zur Lösung eines Problems hinführen. Unter den für eine Lösung charakteristischen Eigenschaften sollte Einfachheit nahe an der Spitze stehen – sie bringt so viele unermeßliche Vorteile mit sich und bewahrt vor so vielen unsichtbaren Gefahren.

> Viele Menschen scheitern, weil sie meinen, daß elementare Grundsätze in ihrem Fall einfach nicht anwendbar sind. M. L. CICHON

PETER-PROGRAMM PUNKT 40

Die Peter-Praline: *Geben Sie Ihren Mitarbeitern einen Anreiz, sich für Ihre Ziele zu engagieren*

Fast jede Bewältigung einer Aufgabe ist mit menschlichen Problemen verbunden – einer der Gründe, warum man nie genau das tun kann, was man tun möchte. Finden Sie heraus, wie Sie die Menschen, mit denen Sie zu tun haben, für Ihr Ziel gewinnen und ihnen ihre Aufgabe schmackhaft machen können. Wenn es dagegen nicht möglich ist, tief eingewurzelte Vorurteile zu überwinden, ist es das beste, sie klar zu erkennen und sich darauf einzustellen.

> Ich bin frei von jedem Vorurteil. Ich hasse alle Menschen gleichermaßen. W. C. FIELDS

Happy Landon, Leiter der Aktion Gemeinsinn in Excelsior, war der Meinung, daß das Getto ein von den dort lebenden Minderheiten betriebenes Geschäftsunternehmen brauchte. Unter den verschiedenen Minderheitengruppen bestanden starke Rivalitäten. Deshalb war es nötig, das neue Unternehmen so zu konstruieren, daß es den Interessen aller Gruppen gerecht wurde. Diese Forderung, so erklärte Landon den von ihm herangezogenen Unternehmensberatern, habe absoluten Vorrang. Die Berater schlugen vor, eine zentral und auf neutralem Boden gelegene Textilfabrik zu errichten, deren Geschäftsführer, Abteilungsleiter, Aufseher und Arbeiter sich gleichmäßig aus Angehörigen aller Gruppen zusammensetzen sollten. Das Projekt wurde mit viel Publicity verwirklicht und als Modell für Integration am Arbeitsplatz herausgestellt.

Aber das Unternehmen schleppte sich von Anfang an mühsam dahin. Die Geschäftsführer konnten sich nicht über Produktion und Preisgestaltung einigen. Die Angestellten hielten sich nicht an die ihnen gegebenen Weisungen, und jeder verließ sich auf die Macht der Gruppe, die ihn stützte. Die produzierten Textilien, deren Stil das Ergebnis verzweifelter Kompromisse war, fanden keinen Anklang. Nach achtzehn

Monaten machte die Fabrik Konkurs. Das Unternehmen war an mangelnder Kooperation gescheitert.

> Ein Vorurteil ist eine unstete, kapriziöse Meinung ohne sichtbare Stütze. AMBROSE BIERCE

Happy Landon zog seine Lehre aus diesem Fehlschlag und versuchte es noch einmal. Er war auf Grund seiner Erfahrungen zu dem Schluß gekommen, daß der geschäftliche Erfolg eines solchen Unternehmens vor allem anderen Vorrang haben müsse. Er setzte eine Kommission von Vertretern der Minderheitengruppen ein und erklärte ihnen, daß er es ablehne, sich auf eine Unternehmung einzulassen, die von vornherein zum Scheitern verurteilt sei. Wenn sie an einem von Minderheiten betriebenen Geschäftsunternehmen interessiert seien, müßten die Geschäftsführer einem praktikablen Plan zustimmen und ihn ihren Gruppen schmackhaft machen, damit diese ihn unterstützten, auch wenn zuweilen Machtbefugnis und Arbeitsplätze nicht ganz gerecht verteilt schienen. Die Gewinne sollten an alle Gruppen verteilt und dazu verwendet werden, weitere Unternehmen zu gründen.
Nachdem zahlreiche Vorschläge unterbreitet und abgelehnt worden waren, einigte man sich schließlich auf eine Papierwarenfabrik, die im Negerviertel errichtet und vorwiegend von Negern betrieben werden sollte. Die anderen Minderheiten wurden aufgefordert, das Unternehmen zu unterstützen und die dort hergestellten Produkte zu kaufen. Die Fabrik florierte, schon nach kurzer Zeit wurden weitere Projekte in Angriff genommen, und Happy Landon fand für seine Pläne immer mehr Zustimmung und Förderung.

> Die Menschen haben Würde ... sofern sie sich an dem Versuch beteiligen, das gemeinsame Wohlergehen zu fördern. A. MEIKLEJOHN

PETER-PROGRAMM PUNKT 41

Die Peter-Präsenz: *Seien Sie immer bereit, eine schnelle Entscheidung zu treffen*

Das vergänglichste und flüchtigste aller Dinge ist die günstige Gelegenheit. Selten kommt sie zweimal, und manchmal kommt sie überhaupt nicht. Umgekehrt sucht auch das Unglück uns in einem unerwarteten Augenblick heim. Sie sollten darum stets auf günstige Gelegenheiten wie auch auf unvermutete Gefahren gefaßt sein.

> Es gibt eine Grenze, wo Zurückhaltung aufhört, eine Tugend zu sein. EDMUND BURKE

Im Jahre 1948 kaufte die Remington Rand * die UNIVAC Corporation von den Erfindern des elektronischen Computers, John Mauchly und John Presper Eckert. Konkurrenz auf diesem Gebiet gab es damals so gut wie nicht.
Die Remington Rand (heute Sperry Rand) verkannte zwar nicht gerade die Möglichkeiten, die der Computermarkt bot, aber die UNIVAC war nur eines von vielen Unternehmungen des großen Konzerns, und so konzentrierte man sich zunächst hauptsächlich darauf, die UNIVAC dem Organisationsschema der anderen Firmen des Konzerns anzupassen. Man bestand auf einer Angleichung der Verwaltung, des Marketings und des Kundendienstes. Das Top-Management erkannte nicht, daß dieser Markt andersgeartet war, daß es sich um einen völlig neuen Industriezweig handelte.
Man war bei der Remington Rand so eifrig mit der Verbesserung organisatorischer Details beschäftigt, daß inzwischen die International Business Machine Corporation erwachen und schließlich das Geschäft an sich reißen konnte. Die IBM eroberte sich den Computermarkt, angefangen vom Nullpunkt im Jahre 1950, so weitgehend, daß die meisten Menschen heute meinen, die IBM habe als erste Firma digitale Rechenanlagen gebaut und sie sogar erfunden. Was der Remington Rand auf Grund dieser Fehleinschätzung der Situation an Gewinnen entging, übersteigt bei weitem die Verluste, die Ford durch den Edsel oder General Dynamics durch das Flugzeug 880 gehabt hat. Hier handelt es sich um einen Fall industrieller Fehlplanung, wie er im Buche steht.

> Wenn du im Tigerland Kaninchen jagst, mußt du gleichwohl ein wachsames Auge auf Tiger haben, doch wenn du Tiger jagst, brauchst du auf Kaninchen nicht zu achten. H. STERN

PETER-PROGRAMM PUNKT 42

Die Peter-Potenz: *Haben Sie die Courage, zu handeln*

Rationales Vorgehen klärt die Gedanken, aber auch wer furchtsam ist, kann lernen, klar zu denken. Vernunft allein genügt nicht, wenn man nicht bereit ist, zu handeln. Wenn Sie entschieden haben, was zu tun ist, müssen Sie die Energie aufbringen, Ihr Ziel auch zu verwirklichen.

* Die hier angegebenen Namen sind nicht frei erfunden.

Wenn Sie wissen, wo Sie stehen, und wissen, wohin Sie gelangen möchten, dann sollten Sie sich durch nichts von Ihrer Reise abhalten lassen – weder durch Furcht noch durch Zweifel, noch durch Spott. Jeder Aufbruch in die richtige Richtung, gleichgültig wie groß oder klein der erste Schritt ist, bringt Sie Ihrem Ziel näher.

> Niemand, der Größe besitzt, klagt über Mangel an Gelegenheit. RALPH WALDO EMERSON

Vergewissern Sie sich bei jeder Bemühung, daß Sie Ihr Ziel genau umrissen haben, stellen Sie sich im Umfeld Ihres Zieles vor und prüfen Sie, ob es Ihnen wirklich zusagt. Lassen Sie sich weder durch Selbsttäuschung noch durch Wunschdenken irreführen, wenn Sie ihren gegenwärtigen Standort bestimmen – sehen Sie ihn so, wie er ist. Ihre Vernunft sagt Ihnen, wie Sie vorgehen, wie Sie weiterschreiten müssen und sich vor dem Endplazierungs-Syndrom schützen können.

> Nun genügt ein Grab ihm, dem die ganze Welt nicht genug war. EPITAPH FÜR ALEXANDER DEN GROSSEN

11. KAPITEL

Die prophetische Gabe
oder
Die Zukunft liegt vor uns

> Alte Männer und Kometen sind aus dem gleichen Grunde verehrt worden: ihrer langen Bärte und des Anspruchs wegen, Ereignisse vorauszusagen. JONATHAN SWIFT

Seit Jahrhunderten versuchen die Menschen, mit Hilfe mysteriöser Verfahren die Zukunft vorauszusagen. Obwohl keine dieser Prozeduren ihnen zu der Fähigkeit verholfen hat, Ereignisse vorauszusagen, lassen sich manche Menschen von solchen unsinnigen Bemühungen nicht abbringen. Kristallsehen, Handlesen und Kartenlesen regen die Phantasie an, und wenn sich gelegentlich eine Weissagung erfüllt, fördert dies das Wunschdenken und den Glauben an irgendwelche geheimnisvollen Kräfte. Doch während eine verläßliche Voraussage mit Hilfe magischer oder mystischer Verfahren mehr oder weniger unmöglich ist, wurden auf den Gebieten der wissenschaftlichen Voraussage künftiger Ereignisse beachtliche Fortschritte erzielt.

MALINOWSKISCHES GESETZ:
Wer von den hochgelegenen sicheren Plätzen unserer Zivilisation herabblickt, hat es leicht, die Unvollkommenheit und Bedeutungslosigkeit der Magie zu belächeln.

Jede Art wissenschaftlicher Forschung hat mit der Erforschung von Ursache und Wirkung zu tun. Jede wissenschaftliche Entdeckung erhöht die Fähigkeit des Menschen, die Konsequenzen seines Handelns abzusehen und vorauszusagen, und damit auch seine Fähigkeit, künftige Ereignisse zu kontrollieren.

Unser sogenanntes logisches Denken besteht in der Hauptsache darin, daß wir Argumente suchen, die es uns ermöglichen, weiterhin zu glauben, was wir bereits glauben.
J. H. ROBINSON

Jede wissenschaftliche Arbeit muß sich auf eine genaue Beobachtung der objektiven Realität gründen. Leider beruht heute vieles, das sich als Sozialwissenschaft ausgibt, auf subjektiven Meinungen, auf Wunschdenken und anfechtbaren Theorien.

Das Dunkle sehen wir schließlich, doch bis wir das Offenbare erkennen, vergeht gewöhnlich viel Zeit.
E. R. MURROW

Für die Sozialwissenschaft gilt das gleiche wie für die Naturwissenschaften: je genauer die Beobachtung, um so mehr lassen sich die Ergebnisse voraussagen. Direkte Beobachtung menschlichen Verhaltens ist die beste Grundlage für genaue Voraussagen im personellen Bereich.
Jeder der folgenden Peter-Programm-Punkte stützt sich auf diese wissenschaftliche Methode. Alle diese Punkte sollen Ihnen helfen, Entscheidungen zu treffen, die sich mit einem höchsten Maß an Wahrscheinlichkeit in der Zukunft als richtig erweisen.

Von einem guten Rat zu profitieren erfordert mehr Weisheit, als ihn zu geben.
J. COLLINS

In den meisten Fällen sind personelle Entscheidungen die wichtigsten und zugleich die heikelsten, da hier die meisten Fehler gemacht werden. Eine falsche Entscheidung bei der Auswahl von Mitarbeitern kann die besten Planungen und die besten wissenschaftlichen, technischen oder industriellen Möglichkeiten zunichte machen.

Alles im Leben ist leichter gesagt als getan – es sei denn, Sie sind taubstumm.
R. LEWTON

Wir alle sehnen uns nach vollkommener, mithin utopischer Sicherheit, aber wir müssen uns damit abfinden, daß es sie nur in der Phantasie gibt. Wir leben in einer unsicheren Welt, und das schwierigste aller Rätsel ist der Mensch selbst. Und das wird immer so sein, nicht zuletzt deshalb, weil der Mensch, der den Menschen studiert, nicht ganz objektiv sein kann.

> DAS HARVARD-GESETZ:
> Auch bei strengster Kontrolle von Druck, Temperatur, Volumen, Feuchtigkeit und anderen Variablen wird der Organismus verdammt genau das tun, was ihm gefällt.
> A. S. SUSSMAN

PETER-PROGRAMM PUNKT 43

Die Peter-Probabilität: *Auch die wissenschaftliche Methode, Ihre wahre prophetische Gabe, zeigt Ihnen Künftiges nur in Umrissen*

Auch die Entscheidung, keine Entscheidung zu treffen, ist eine Entscheidung. Immer wenn wir beschließen, einen Angestellten zu befördern oder nicht zu befördern, einen Bewerber einzustellen oder nicht einzustellen, einen Mitarbeiter zu versetzen oder nicht zu versetzen, würden wir gern wissen, ob die Entscheidung richtig ist und ob die Folgen unseren Erwartungen entsprechen werden. Wir können uns dabei jedoch nur auf die Wahrscheinlichkeit verlassen und darauf achten, daß jeweils ein Höchstmaß an Wahrscheinlichkeit für die Richtigkeit unserer Entscheidungen spricht.
Nach dem Rücktritt B. Wrights, eines kompetenten Managers der Firma Excelsior Rope Products, war dem Leiter des Unternehmens, C. Clearly, bewußt, daß er, sosehr er es sich gewünscht hatte, B. Wright nicht durch einen anderen B. Wright ersetzen konnte. B. Wright hatte durch seine kreative Tätigkeit einen einzigartigen Beitrag zum Wohlergehen der Firma geleistet. C. Clearly war sich darüber im klaren, daß er einen fähigen Nachfolger für B. Wright brauchte, und glaubte, ihn in A. Newman gefunden zu haben, der ein erfahrener Verwaltungsfachmann war und sich im übrigen für die Bürgerrechtsprobleme interessierte. In seiner neuen Position trat Newman erfolgreich dafür ein, den Angehörigen benachteiligter Minderheiten Arbeitsplätze zur Verfügung zu stellen. C. Clearly und die Direktoren der Firma waren sehr davon angetan, daß Newman neue Wege aufgezeigt hatte, die zur Verbesserung der sozialen Verhältnisse beitrugen.

> Der gut entwickelte, gut begabte individuelle Mensch ist – in einem streng wissenschaftlichen Sinne – das höchste

Phänomen, von dem wir Kenntnis haben, und die Vielfalt individueller Persönlichkeiten ist der Welt höchster Reichtum. JULIAN S. HUXLEY

Magnus Fogg, Generaldirektor der Perfect Pewter Propellers, suchte einen Nachfolger für D. Seller, der zum Sales Manager für das Ausland ernannt worden war. Er entschied sich für Slim Pickens, bisher Verkaufsleiter für Excelsior, und erklärte ihm, er sei so zufrieden mit Seller gewesen, daß er von Pickens nichts anderes erwarte, als daß er genauso handle, wie Seller es getan habe. Die Folge war, daß Pickens die Hälfte seiner Zeit damit verbrachte, sich den Kopf zu zerbrechen, wie Seller wohl in dieser oder jener Situation gehandelt hätte. Und wenn er handelte, kopierte er oft Sellers Methoden in Situationen, in denen sie ungeeignet oder inzwischen überholt waren.

Nichts genügt dem, welchem genug zuwenig ist.

EPIKUR

PETER-PROGRAMM PUNKT 44

Der Peter-Paß: *Geben Sie einem Bewerber, ehe Sie ihn einstellen, eine genaue Beschreibung der Arbeit, die ihn erwartet*

Von einem Programmierer erwartet man andere Eigenschaften, Fähigkeiten und Talente als von einem Programmdirektor, von einem Marktforscher andere als von einem Marktschreier, von einem Verkäufer andere als von einem Verkaufsleiter.
Berufsbezeichnungen sind oft wenig präzise. Vermitteln Sie darum bei der Auswahl Ihrer Mitarbeiter jedem Bewerber eine klare Vorstellung, was Sie von ihm erwarten. Ein auf falschen Voraussetzungen beruhender Anstellungsvertrag ist so wertlos wie ein ungültiger Paß.

Definitionen wären eine gute Sache, benutzten wir nicht Worte, um sie zu treffen. JEAN-JACQUES ROUSSEAU

Sarah Bellam, Leiterin der Schule für Stenotypistinnen in Excelsior, beschloß, einem der Mitglieder des Lehrkörpers die neugeschaffene Position für Unterrichtskoordinierung anzuvertrauen, und ließ die Schüler darüber abstimmen. Die beiden hervorragendsten Lehrerinnen der Schule waren Sophie Tutch und Gerda Jobdun. Bei den Schülern war eindeutig Sophie Tutch die beliebteste Lehrerin, da sie ihnen viel Freiheit ließ und immer bereit war, mit ihnen zu diskutieren, worüber zuweilen der Unterricht etwas zu kurz kam. Miss Jobdun war dagegen sehr viel strenger, und an fachlichem Wissen lernten die Schüler bei ihr mehr. Sie hielt sich strikt an den Lehrplan und wäre für den neuen

Posten, mit dem viel Verwaltungsarbeit verbunden war, geeigneter gewesen als die von Natur aus unsystematische Sophie Tutch, die wenig Sinn für Bürokratie und Verwaltung hatte, aber auf Grund ihrer größeren Beliebtheit gewählt wurde.

> Die mehr oder weniger einzige Person, von der wir hörten, daß sie sich durch Ruhm nicht korrumpieren ließ, war ein Jude namens Daniel. G. D. PRENTICE

Auf Grund rascher Expansion beschloß man bei der Firma Mercury Disposable Products, einen zusätzlichen, für Marketingfragen verantwortlichen Geschäftsführer einzusetzen. Der Präsident der Gesellschaft, B. Hasty, bestand darauf, die Position unverzüglich zu besetzen. Er entschied sich für Oslo Learner, einen fleißigen und sehr tüchtigen Angestellten der Marketingabteilung, und meinte erleichtert: «Gott sei Dank! Diese Sorge wäre ich los.» Oslo Learner bewies sehr bald, daß ein tüchtiger Arbeiter nicht in jeder Position tüchtig ist. B. Hasty fiel für das neue Problem keine bessere Lösung ein, als eilends einen weiteren neuen Posten zu schaffen, den eines stellvertretenden Geschäftsführers für Marketingfragen. «Wir müssen diese entscheidende Position unverzüglich besetzen!» verkündete er, und ein weiteres unschuldiges Opfer wurde so auf seine Stufe der Unfähigkeit hinaufkatapultiert.

> Ach, gäbe uns eine Macht die Gabe der Feen,
> Uns selber zu sehen, wie andre uns sehn! ROBERT BURNS

PETER-PROGRAMM PUNKT 45

Die Peter-Prüfung: *Probieren geht über Studieren*

Wenn Sie Klarheit über Ihr Ziel gewonnen haben, sollten Sie nach Möglichkeit mehrere Lösungen ausprobieren, um herauszufinden, welche für Sie die geeignetste ist.

> Der unschöpferische Geist mag falsche Antworten erkennen, doch um falsche Fragen zu erkennen, braucht es einen schöpferischen Geist. A. JAY

Der Ingenieur Stan Doffish, der für die Bemalung der Straßen von Excelsior mit Verkehrsmarkierungen verantwortlich war, stellte sich genaue Unterlagen über die Beschaffenheit der verschiedenen Straßendecken und über die Bedingungen, denen die Farbe auf den Straßen ausgesetzt war, zusammen. Die Ergebnisse dieser Untersuchungen übersandte er verschiedenen Firmen mit der Bitte, ihm Proben der von ihnen empfohlenen Farben zu schicken. Die Farbproben, die er erhielt, ließ er auf den Straßen von Excelsior ausprobieren. Nach diesem Test gab er der Firma, deren Farbe am besten den Anforderungen gerecht wurde, einen Großauftrag und konnte sich beruhigt sagen, daß sich diese Farbe mit an Sicherheit grenzender Wahrscheinlichkeit bewähren würde.

> Wissenschaft ist eine Sammlung erfolgreicher Rezepte.
>
> PAUL VALÉRY

Auch bei Entscheidungen über schwerwiegende Personalfragen läßt sich dieses Verfahren in abgewandelter Form anwenden. Vereinbaren Sie bei Neueinstellungen oder Beförderungen von Angestellten nach Möglichkeit stets eine Probezeit.

> Sehr einfache Ideen liegen nur in Reichweite der kompliziertesten Gehirne. RÉMY DE GOURMONT

Francis Gaye betrieb den erfolgreichsten Schönheitssalon in Excelsior. Als er immer mehr prominente Frauen als Kundinnen gewann, eröffnete er einen zweiten Salon. Sein Assistent, Mr. Plume, führte diesen zweiten Salon so gewandt und geschickt, daß Gaye sich schon bald den Plänen für einen dritten Salon zuwenden konnte. Er sprach mit Mr. Plume darüber, wer als Geschäftsführer für den dritten Salon in Frage komme. Mr. Marcell zum Beispiel war ein sehr fähiger Mitarbeiter, fand aber nur bei älteren Damen Anklang. Mr. Bouffand war ein charmanter Plauderer, konnte sich aber nicht entschließen, seinen Frisierstil der neuen Mode anzupassen. Mr. Chic war ideal. Er war kreativ, modern, umgänglich, und er sah sehr gut aus und hatte eine persönliche Note. Mr. Gaye war bereit, Mr. Chic sofort die Leitung des dritten Salons anzubieten, doch Mr. Plume riet zu einem besonneneren Vorgehen. «Ich nehme demnächst meinen Sommerurlaub», sagte er zu Mr. Gaye. «Prüfen Sie doch in dieser Zeit, ob Mr. Chic als Geschäftsführer in Frage kommt.»
Als Mr. Chic gefragt wurde, ob er bereit sei, für drei Wochen stellvertretend die Leitung des von Mr. Plume geführten Salons zu übernehmen, war er begeistert über die Gelegenheit, die sich ihm hier bot, und voller Zuversicht. Plume wies Chic in seine Arbeit ein und trat dann seinen Urlaub an. Am ersten Tag rief Mr. Chic nicht weniger als zwölfmal bei Mr. Gaye an, um ihn in irgendwelchen Routineangelegenheiten zu konsultieren. Am zweiten Tag telefonierte er stundenlang mit Mr. Gaye, um sich über seine Mitarbeiter zu beschweren. Nach zwei Wochen war es so weit, daß er mehr oder weniger ständig mit Mr. Gaye telefonierte. Er erzählte ihm Klatschgeschichten über private Beziehungen und Eifersüchteleien unter seinen Mitarbeitern, fragte nach Lösungen für geringfügige organisatorische Probleme und klagte

dauernd über die drückende Last der Verantwortung.
So erbrachte die Probezeit den Beweis, daß Mr. Chic als Geschäftsführer ungeeignet war. Er besaß nicht die nötige Ausgeglichenheit und innere Festigkeit, die für einen so verantwortungsvollen Posten Voraussetzung waren. Er klagte lieber über Probleme, statt sie zu lösen und zu bewältigen.
Die dreiwöchige Probezeit hatte vielleicht nicht ausgereicht, voll ans Licht zu bringen, wozu Mr. Chic in verantwortlicher Position an Fehlleistungen imstande war, aber sie hatte doch sehr deutlich seine bisher nicht sichtbar gewordenen schwachen Stellen enthüllt.

> Dem kleinen Teil von Unwissenheit, den wir ordnen und klassifizieren können, geben wir den Namen Wissen.
>
> AMBROSE BIERCE

Normalerweise ergeben sich im Laufe der Zeit viele Situationen, die Gelegenheit bieten, die Eignung eines Mitarbeiters für eine höhere Position zu prüfen. Leider werden von den meisten Betrieben und Institutionen solche Gelegenheiten kaum genutzt.
Männer lassen häufig außerordentlich fähige Freundinnen in die Position unfähiger Ehefrauen aufrücken. Sie verzichten darauf, Situationen zu arrangieren, die ihnen Gelegenheit bieten, das Verhalten ihrer künftigen Ehepartnerinnen im Haushalt und im Alltag der Ehe zu testen. Ebenso befördern Frauen oft einen kompetenten Freund zum Ehemann, ohne vorher zu prüfen, wie er sich in dieser Rolle verhalten wird und ob er sich dafür eignet.

PETER-PROGRAMM PUNKT 46

Der Peter-Prüfstein: *Unterziehen Sie Beförderungs-Kandidaten einer Bewährungsprobe*

In unseren heutigen Hierarchien wird eine Beförderung selten rückgängig gemacht. Deshalb ist es ratsam, sich an Hand eines praxisbezogenen Tests ein möglichst genaues Bild zu machen, wie ein für eine Beförderung vorgesehener Angestellter sich in seiner künftigen Position verhalten wird.

> Es ist nur ein Schritt vom Erhabenen zum Lächerlichen, aber es führt kein Weg zurück vom Lächerlichen zum Erhabenen. LION FEUCHTWANGER

Dr. Ben E. Fishel, Schulrat für den Bezirk Excelsior, sah sich vor das Problem gestellt, der Schulbehörde einen geeigneten Kandidaten für die Position des Direktors einer neuen Grundschule vorzuschlagen. Es

kamen zwei Lehrer in Frage, die Verwaltungserfahrung hatten und ihren Voraussetzungen nach für den Posten gleichermaßen qualifiziert waren. Ben E. Fishel sprach mit beiden und fragte sie nach ihren Grundsätzen und ihrer Einstellung zu ihrem Beruf. Miss Grace Lovejoy und Mr. Red Whitenblu gaben beide die üblichen Antworten: die Pädagogik spiegele die Werte der Gesellschaft wider, und das Erziehungswesen müsse beispielgebend für den demokratischen Gedanken sein, wie er in der Verfassung verankert sei. Beide hoben ihre Liebe zu Kindern und ihre Achtung vor den Eltern hervor. All dies bot Dr. Fishel jedoch keinerlei Anhaltspunkt, der es ihm erleichtert hätte, sich für einen der beiden Anwärter zu entscheiden.
Dr. Ben E. Fishel übergab daraufhin beiden mehrere Aktennotizen und Briefe und sagte: «Hier sind einige Unterlagen, die ich letzthin von Schulleitern bekommen habe. Würden Sie so freundlich sein, zu den darin angeschnittenen Fragen Stellung zu nehmen?»
Einer der Briefe lautete:

> Sehr geehrter Herr Direktor,
> ich bin Geschäftsmann, und da ich in letzter Zeit geschäftliche Sorgen habe wegen unlauteren Wettbewerbs, kann ich mich wenig um meinen Sohn Mike Hood kümmern. Nun höre ich aber, daß er gestern von seinem Lehrer geschlagen worden ist, weil er ein paar Jungens und Mädchen, die ihm in der Eingangshalle nicht aus dem Weg gehen wollten, verprügelt hat.
> Ich bin Steuerzahler und bezahle dafür, daß mein Sohn Mike unterrichtet, nicht daß er bestraft wird. Ich weiß nicht, warum er andere Kinder schlägt. Er tut es oft, und ich gebe ihm jedesmal, wenn ich davon erfahre, eine gehörige Tracht Prügel. Man sollte meinen, das würde ihn zur Vernunft bringen. Ich weiß mir nicht anders zu helfen, als ihn zu schlagen, aber Lehrer, die doch etwas von Psychologie verstehen, sollten andere Mittel wissen. Ich habe nicht das College besucht, deshalb verstehe ich nichts von Psychologie. Aber was nützt die ganze Lehrerbildung, wenn nicht mehr dabei herauskommt?
>
> Hochachtungsvoll
> Otto Hood

Miss Grace Lovejoy sagte: «Dr. Fishel, ich glaube, ich würde Mr. Hood einfach anrufen und fragen, ob ich ihn nicht mal besuchen kann. Ich würde sagen, es tut mir leid, daß er geschäftliche Sorgen habe, dann aber das Gespräch auf die Probleme seines Sohnes Mike lenken. Ich würde ihn auf die Erziehungs-Beratungsstellen hinweisen und ihm vorschlagen, sich eventuell auch an unsere Schulpsychologen zu wenden.»

Dr. Fishel fragte Miss Lovejoy, ob sie die Frage der körperlichen Züchtigung denn ganz übergehen wolle. Miss Lovejoy sagte: «Ich würde gar nicht darauf zurückkommen, solange Mr. Hood das nicht von sich aus tut. Er hat den Vorfall möglicherweise nur ins Feld geführt, weil er auf diese Weise von seiner Enttäuschung über das Verhalten seines Sohnes sprechen konnte. Vielleicht war der Brief so etwas wie eine Bitte um Hilfe.»

«Das ist das typische Problem mit den Eltern von heute», sagte Mr. Red Whitenblu. «Immer den Lehrern die Schuld geben. Was haben diese Leute schon für eine Ahnung von Erziehung? Da wird dieser Hood mit seinem eigenen Kind nicht fertig und hat die Unverfrorenheit, den Fehler bei der Schule zu suchen, bloß weil man versucht, die Disziplin aufrechtzuerhalten.»

Dr. Fishel fragte Red Whitenblu, was er an seiner Stelle denn nun unternehmen würde. «Ich würde einen Brief an Mr. Hood schreiben», antwortete Whitenblu, «und ihn auf die Schulordnung und die einschlägigen Paragraphen hinweisen. Das dürfte diesen Otto Hood zur Räson bringen.»

Grace Lovejoy reagierte auf jedes Problem, das in den Briefen angeschnitten wurde, verständnisvoll und schlug sachlich vernünftige Lösungen vor. Red Whitenblu reagierte nur mit Feindseligkeit, Verständnislosigkeit und Vorschlägen, die an den eigentlichen Problemen vorbeigingen.

Dr. Ben E. Fishel war sehr befriedigt über die Verhaltensprobe von Miss Grace Lovejoy, die er da erhalten hatte. Als Direktorin der neuen Grundschule eroberte sie sich bald die Zuneigung und Achtung der Eltern und wurde von Lehrern wie Schülern gleichermaßen geschätzt und bewundert.

> Wenn Liebe und Geschicklichkeit Hand in Hand gehen,
> darf man ein Meisterwerk erwarten. C. READE

Gewöhnlich ergeben sich viele Gelegenheiten, den Peter-Prüfstein anzuwenden. So kann man einen Angestellten bitten, aushilfsweise einen höher eingestuften Posten zu übernehmen, oder man kann ihn auffordern, eine Aufgabe zu lösen und die Lösung schriftlich vorzulegen. Mit Hilfe dieser und ähnlicher Verfahren gewinnt man ein Bild, wie der Betreffende sich in der neuen Stellung verhalten wird.

> An einem kleinen Muster können wir oft das ganze Stück
> beurteilen. MIGUEL DE CERVANTES

B. Loanee, ein besonders fähiger Buchhalter bei der National Loan & Trust Company, wurde seiner Tüchtigkeit wegen von Filialleiter Bill Folder zum Kreditberater befördert. B. Loanee war der Beweis dafür,

daß ein guter Buchhalter nicht unbedingt einen tüchtigen Berater in Finanzierungsfragen abgibt. Er beschäftigte sich hauptsächlich damit, nachzuweisen, daß die Firmen, mit denen er zu tun hatte, sämtlich auf dem Wege zum Konkurs seien.
Der neue Direktor der Treadless Tires, Inc., erkannte, daß die Firma eine Flaute durchmachte, und traf darum einige Änderungen. Unter anderem vertraute er einem sehr tüchtigen Buchhalter, D. Sifer, einen leitenden Posten an. D. Sifer war ein Genie, wenn es um Zahlen ging, aber eine Katastrophe im Umgang mit den Mitarbeitern.

> Der Erfolg hat aus vielen Menschen Versager gemacht.
> C. ADAMS

PETER-PROGRAMM PUNKT 47

Die Peter-Phantasie: *Spielen Sie eine künftige Realität in allen Einzelheiten durch*

Oft läßt sich das Wesentliche einer zu erwartenden Situation dadurch herausfinden, daß man sie durchspielt, sei es allein, in der Phantasie, oder zusammen mit anderen. Bei solchen Sandkastenspielen verhält sich jeder im allgemeinen genauso, wie er sich in künftigen Situationen verhalten wird.
Gruppentherapeutische Verfahren, so zum Beispiel das Psychodrama, haben gezeigt, daß die meisten Menschen, wenn man ihnen eine Rolle zuweist und kein Manuskript in die Hand gibt, sich ganz ähnlich verhalten, wie sie es in entsprechenden Situationen im wirklichen Leben tun würden. Diese Art der Simulation wird heute vielfach mit Erfolg bei der Ausbildung von Führungskräften praktiziert. Die Teilnehmer eines solchen Kurses übernehmen jeder nacheinander verschiedene Rollen. So soll zum Beispiel jeder einmal die Rolle des Vorgesetzten spielen, der es mit engstirnigen, anspruchsvollen, Klage führenden und schmeichlerischen Angestellten zu tun hat, oder auch die Rolle des rücksichtslosen und launischen Vorgesetzten. Dabei enthüllt sich mit erstaunlicher Genauigkeit, wie jeder einzelne in wirklichen Situationen reagieren würde. Dadurch, daß man die Rollen tauscht und nacheinander verschiedene Personen spielt, haben die Teilnehmer zugleich Gelegenheit, ihre schauspielerischen Fähigkeiten zu verbessern. Wenn dann der einzelne beispielsweise die Rolle des Managers spielt, der mit einem aggressiven Konkurrenten, einem anspruchsvollen Vorgesetzten, einem mäkeligen, schwierigen Kunden oder einem verantwortungslosen Angestellten zu tun hat, zeigt sich, wie er sich in der Praxis in solchen Situationen verhalten würde.

Verlaß dich nicht auf den Aufdruck auf der Tüte.

T. FULLER

PETER-PROGRAMM PUNKT 48

Die Peter-Petition: *Versuchen Sie es mit Beförderungen auf Bewährung*

Es ist immer traurig und tragisch, wenn jemand, der seine Arbeit gut verrichtet, auf Grund einer Beförderung einen Posten erhält, für den er nicht kompetent ist. Die Beförderung rückgängig zu machen ist so gut wie ausgeschlossen.

In bestimmten Situationen ist es möglich, Beförderungen auf Bewährung auszusprechen. Wenn eine Position vakant ist, werden diejenigen, die dafür in Frage kommen, aufgefordert, sich darum zu bewerben. Auf Grund ihrer Petition wird dann mit ihnen nach den nötigen Gesprächen eine Probezeit vereinbart. Man ermuntert sie, sich in dieser Zeit immer wieder über ihre Gefühle, ihre positiven Erfahrungen und über ihre Enttäuschungen auszusprechen. Gegen Ende der Probezeit kann jeder Beförderungskandidat im allgemeinen realistisch einschätzen, ob er der neuen Tätigkeit gewachsen ist, und damit zu der Entscheidung beitragen, ob er den Posten endgültig erhält oder in seine frühere Position zurückkehren soll. Dieses Verfahren läßt sich allerdings nur in solchen Unternehmen erfolgreich praktizieren, die für menschliche Qualitäten aufgeschlossen sind. Traditionelle Vorstellungen von Aufstieg und Beförderung stehen einer wirksamen Anwendung der Peter-Petition im Wege.

PETER-PROGRAMM PUNKT 49

Die Peter-Probefahrt: *Fördern Sie den Beförderungskandidaten*

Sie können die Chancen eines Beförderungskandidaten, sich zu bewähren, erhöhen, wenn Sie ihn auf seine künftigen Aufgaben vorbereiten und mit ihm die Peter-Probefahrt unternehmen.

Ein Vertreter, der zum Verkaufsleiter befördert wird, muß sich ein völlig neues Repertoire von Fähigkeiten und Verhaltensweisen aneignen. Er muß zum Beispiel lernen, auf einer mehr abstrakten oder symbolischen Ebene Probleme zu lösen. Als Verwaltungsmann muß er die Arbeit einteilen und verteilen und so aus der Leistung anderer Befriedigung schöpfen. Vielen hochqualifizierten Arbeitskräften, die bei ihrer Tätigkeit ganz auf sich gestellt waren, fällt es schwer, sich daran zu gewöhnen, andere anzuleiten.

Der begabte und erfolgreiche Ingenieur, der in der Vergangenheit eine

eindrucksvolle Anzahl technischer Probleme gelöst hat, ist als Mitglied der Geschäftsführung im Umgang mit anderen möglicherweise ungeduldig und anmaßend. Ungeachtet seiner technischen Fähigkeiten muß er sich erst die Fähigkeit der Menschenführung aneignen.
Man kann dem Vertreter, Techniker oder Ingenieur usw. den Übergang zu einer Tätigkeit im Management erleichtern, wenn man ihm die Arbeit, die mit ihr verbundenen Anforderungen und die Erfolgskriterien so genau beschreibt, daß er in der Lage ist, Ziele festzulegen und Resultate zu beurteilen. Der Beförderte neigt dazu, die mit der Beförderung einhergehende Erhöhung von Gehalt und Prestige im Vordergrund zu sehen oder seine neue, bessere Position als Sprungbrett für einen Stellungswechsel zu betrachten. Solchen Vorstellungen sollte man vorbeugen, indem man ihm den Unterschied zwischen seinen bisherigen und seinen neuen Aufgaben in aller Deutlichkeit klarmacht.
Ausführliche und offene Gespräche, in denen Sie dem angehenden Abteilungsleiter oder Geschäftsführer darlegen, welche Leistungen und welche Einstellung Sie von ihm erwarten, erhöhen die Wahrscheinlichkeit eines Erfolgs. Für manchen werden solche Gespräche mit der Entscheidung enden, daß er für eine führende Position nicht geeignet ist. In jedem Fall aber tragen Offenheit und Klarheit dazu bei, eine vernünftige Lösung zu finden.

> Alles, was die Welt menschlicher und vernünftiger macht, ist Fortschritt: das ist der einzige Maßstab, den wir anlegen können. WALTER LIPPMANN

PETER-PROGRAMM PUNKT 50

Das Peter-Prisma: *Lassen Sie sich nicht durch Vorspiegelungen falscher Tatsachen täuschen*

Bei der Auswahl neuer Mitglieder für die Hierarchie und bei der Beförderung anderer, die bereits einer Hierarchie angehören, spielt meist das persönliche Gespräch mit dem Bewerber eine entscheidende Rolle.
Ich unterscheide zwischen zwei Ausgangssituationen:
1. Auch der *arbeitslose* Stellungssuchende strebt im Grunde eine Beförderung an, nämlich eine Beförderung vom Arbeitslosen zum Angestellten auf einem angemessenen Posten. «Angemessen» ist ein subjektiver Ausdruck. Sie können nicht immer sagen, ob der Bewerber Ihr Angebot als Beförderung ansehen wird. Es gibt Situationen, in denen Sie die mögliche Verzweiflung eines Bewerbers in Betracht ziehen müssen, um eine vernünftige Entscheidung treffen zu können.
2. Der *nicht arbeitslose* Bewerber strebt eine Beförderung innerhalb

einer Hierarchie (eine *intra*hierarchische Beförderung) oder eine Beförderung durch den Wechsel von einer Hierarchie zu einer anderen (eine *inter*hierarchische Beförderung) an.
Ein fähiger Geschäftsführer legt korrekt die von der Hierarchie gesetzten Maßstäbe an und bestimmt, ob der Bewerber für eine Einstellung oder Beförderung geeignet ist oder nicht. Das persönliche Gespräch kann eine wertvolle Hilfe sein. Es gibt Ihnen die Möglichkeit, sich ein Urteil über den Bewerber zu bilden und festzustellen, ob er Ihnen einen guten Eindruck macht. Vergessen Sie jedoch nicht, daß dies Ihre subjektive Meinung ist. Das persönliche Gespräch ist kein Ersatz für die bereits erwähnten Methoden, noch enthebt es Sie der Notwendigkeit, die Qualifikationen und Zeugnisse des Bewerbers genau zu prüfen.

Alles ist Spiel

Jedes Gespräch mit einem Bewerber ist im Grunde eine kleine Theatervorstellung. Der Bewerber versucht die Rolle des «kompetenten Angestellten» zu spielen. Sein Gesprächspartner ist der Kritiker, der die Vorstellung beurteilt.
Der kluge Bewerber hat seine Rolle im voraus einstudiert. Er weiß zum Beispiel genau, wie die Hierarchie, deren Vertreter er gegenübersitzt, Fähigkeit definiert, und auf diesem Wissen beruht seine «Vorstellung». Der Vertreter der Hierarchie kann im Grunde nur feststellen, ob der Bewerber in der Lage ist, die Rolle bis zum Ende des Gesprächs durchzuhalten und fehlerlos zu spielen. Die Frage, ob der Bewerber auch über Wochen, Monate oder Jahre den kompetenten Angestellten «spielen» kann, wird durch das Gespräch nicht beantwortet. Das gleiche gilt für die Frage, ob er die Vorstellung überhaupt fortsetzen will. Wir wollen nunmehr prüfen, wie es dem Bewerber mit inkompetenten und kompetenten Gesprächspartnern ergeht.
Der inkompetente Gesprächspartner erkennt nicht, daß der Bewerber eine Rolle spielt. Er verwechselt die Maske mit dem Gesicht. Schon zu Beginn des Gesprächs trifft er die Entscheidung, ob er den Bewerber sympathisch findet oder nicht.

> Da steckt noch weniger dahinter, als das Auge wahrnimmt. T. Bankhead

C. Nile mußte sich für einen neuen Lagerverwalter entscheiden. Er hatte die Wahl zwischen Strom Gimage und Nick Alodeon. Beim persönlichen Gespräch stellte er fest, daß Strom Gimage dem Gründer der Firma verblüffend ähnlich sah. Das gab den Ausschlag. Strom Gimage bekam den Posten, obwohl Nick Alodeon auf Grund seiner langjährigen Erfahrung der geeignetere Mann gewesen wäre.

Dieses Beispiel zeigt, daß oft die äußere Erscheinung und nicht die Leistung zählt.

Daß Schein nicht Sein – du weißt's und bist gewarnt.
Entrahmte Milch wird gern als Rahm getarnt.

WILLIAM GILBERT

Der inkompetente Gesprächspartner läßt sich bei seinem Urteil von geheimen Vorlieben lenken, die sich auf äußerliche Eigenschaften, Religions- oder Rassenzugehörigkeit, politische Anschauungen, Gewohnheiten, Alter oder Sex beziehen und nichts mit den Fähigkeiten des Bewerbers zu tun haben.

Aufs Etikett verlaß dich nie und nimmer,
Was dort steht, hat von Wahrheit keinen Schimmer.

CHARLES SPURGEON

B. Upleigh, Personalchef der Firma Dainty Daisy Deodorant, führte ein Gespräch mit Frank Ness, der sich als Werbeleiter beworben hatte. Upleigh war von der Aufrichtigkeit seines Gegenübers tief beeindruckt.

Als Werbeleiter trat Frank Ness immer wieder ins Fettnäpfchen. Einem Reporter gegenüber gab er zu, daß man Spraydosen eigentlich verbieten sollte, da das Einatmen des Deodorants gesundheitsschädlich sei. Er gab weiter offen zu, daß er sich nicht sicher sei, ob Dainty Daisy nicht Hautkrankheiten fördern oder gar hervorrufen könne. Und einmal verkündete er, wenn es Dr. Dung, dem Inhaber der Firma, gelungen sei, das Transpirieren abzuschaffen, werde er todsicher nicht eher Ruhe geben, bis er nach und nach auch alle anderen Körperfunktionen mit chemischen Mitteln abstellen könne. Unlängst wurden Frank Ness ernste Vorhaltungen gemacht, da er zu Mr. M. Potent, dem Gründer des Zweigunternehmens M. Patent-Sedativa, gesagt hatte, er habe einen unangenehmen Körpergeruch. Frank war seiner Aufrichtigkeit wegen sozusagen überqualifiziert für die Stellung, die Upleigh ihm gegeben hatte.

Stell nicht einen Chemotechniker ein, wenn du jemanden
brauchst, der dir eine Tasse Kaffee kocht. A. MARGOLESE

Stu Pidd, Sportdezernent für den Schulbezirk von Excelsior, führte ein Gespräch mit B. Ragger, der sich als Baseballtrainer beworben hatte. B. Ragger rühmte sich seiner Erfolge als aktiver Spieler und erklärte: «Bei den meisten Spielen war ich derjenige, der für den Sieg den Ausschlag gab.»

In seiner neuen Stellung als Trainer verschwendete er einen großen Teil der Zeit damit, daß er den Schülern von seinen früheren Ruhmestaten erzählte, statt ihnen dabei zu helfen, Geschick im Spiel zu entfalten.

> Der Mensch regiert nichts schwerer als seine Zunge, und seine Begierden vermag er eher zu mäßigen als seine Worte. SPINOZA

DER KOMPETENTE GESPRÄCHSPARTNER ist sich in jedem Augenblick der Tatsache bewußt, daß der Bewerber eine Rolle spielt. Er versucht, hinter die Maske zu spähen und das wirkliche Gesicht zu sehen. Er weiß, daß der wie aus dem Ei gepellte Bewerber, der vor ihm sitzt, sich auch äußerlich für diesen Anlaß vorbereitet hat.
Der kompetente Gesprächspartner enthält sich zunächst jedes Urteils und hört genau zu. Er hört auf den Inhalt dessen, was der Bewerber ihm sagt, und horcht auf den Tonfall, in dem es vorgetragen wird. Fühlt der Bewerber sich wirklich sicher in der Rolle des kompetenten Angestellten, oder ist er ein Prahler, der versucht, Unsicherheit und Inkompetenz zu verschleiern? Beruht die Nervosität des Bewerbers auf Unerfahrenheit in solchen Situationen, oder ist sie ein Symptom für eine verborgene Verzweiflung? Was erstrebt der Bewerber, und was befürchtet er? Stimmt die Rolle, die er spielt, mit seinen Erfahrungen überein, und gibt es Widersprüche in seinen Aussagen?

> Du kannst Dinge sehen, und du sagst: «Warum?», aber ich sehe Dinge, die niemals waren, und sage: «Warum nicht?» GEORGE BERNARD SHAW

PSYCHOLOGISCHE TESTS. Psychologische Tests werden heute so sehr strapaziert und mißbraucht, falsch gedeutet und überbewertet, daß man ein ganzes Buch darüber schreiben könnte. Sie haben wie alles ihre positiven Seiten und ihre Grenzen. Die Hauptbefürworter psychologischer Eignungstests würden subjektive Verfahren wie das Vorstellungsgespräch oder Unterlagen wie Zeugnisse und Empfehlungen rundheraus ablehnen. Aber inzwischen werden auch Tests als etwas Subjektives angesehen, da sie die Persönlichkeit und die Vorurteile der Psychologen, die sie zusammengestellt haben, und ihrer Versuchspersonen reflektieren. Testergebnisse sollten kein Ersatz für eine Beurteilung sein, aber sie können ein gewisses Maß an Objektivität vermitteln, das bei der Entscheidung oft eine wertvolle Hilfe ist.

> Eignungstests zeigen, daß du in einem Unternehmen Erfolg haben wirst, in dem dein Vater der Boss ist. P. SIELER

Menschliches Verhalten vorauszusagen ist äußerst schwierig. Wer die Kunst der Menschenführung beherrschen will, muß sich an diejenigen Peter-Programm-Punkte halten, die für diesen spezifischen Bereich geeignet sind. Wenn ein Manager, ein Geschäftsführer oder Abteilungsleiter bereits seine Stufe der Unfähigkeit erreicht hat, ist die Frage, welche Methoden er anwendet, von geringer Bedeutung. Die Ergebnisse werden höchstwahrscheinlich unbefriedigend sein: er wird fähige Bewerber ablehnen, andere zu ihrer Stufe der Unfähigkeit hinaufbefördern und wieder andere für Posten einteilen, wo sie fehl am Platz sind. Allerdings kommt es vor, daß auch ein unfähiger Manager gelegentlich durch Zufall eine richtige Entscheidung trifft, ebenso wie ein Schimpanse, der auf einer Schreibmaschine herumhämmert, möglicherweise dabei ein richtig geschriebenes Wort tippen wird.

> Die Forderung, über große vielseitige Fragen systematisch nachzudenken, ist von Natur aus entmutigend, und viele Geschäftsleute gehen, auch wenn sie sehr aktiv sind, nur zögernd darauf ein. Aber wenn Geschäftsleute den Gang der Ereignisse lenken wollen, statt sich von ihnen lenken zu lassen, gibt es keine Alternative. W. S. RUKEYSER

12. KAPITEL

Das Kompensationswunder oder Warum wir uns so verhalten, wie wir uns verhalten

> Das Unangenehme in unserer Zeit ist, daß es nur Wegweiser und keinen Bestimmungsort gibt. L. KRONENBERGER

Ehe Sie es unternehmen, auf andere Menschen einzuwirken, sollten Sie 1. die Ziele kennen, die Sie anstreben, 2. sich über den Weg dorthin Klarheit verschaffen, und 3. die Ergebnisse Ihrer Entscheidungen vorauszusagen versuchen. Erst wenn Sie diese drei Vorschriften befolgt haben, sind Sie zu dem Versuch berechtigt, durch Kompensation Verhaltensweisen zu verändern.

> Ich möchte verändern, ich möchte sehen, daß etwas geschieht. Ich möchte nicht nur darüber sprechen.
> J. KENNETH GALBRAITH

In früheren Zeiten mußten die meisten Menschen hart arbeiten, um ihr tägliches Brot zu verdienen. Die Kompensation für ihre Arbeit war das Überleben. Dank technischer Fortschritte und gesellschaftlicher Veränderungen hat sich diese Situation gewandelt: Man verhungert nicht mehr, wenn man nicht arbeitet. Unsere Zeit verlangt die Anwendung humanerer und subtilerer Kompensationsmethoden.

> All die schönen Gefühlsregungen in der Welt wiegen leichter als eine einzige liebenswerte Tat. J. LOWELL

Das Ziel jeder Kompensation besteht letztlich darin, Kompetenz herbeizuführen. Wenn wir unsere Aufgabe und unser Ziel darin sehen, die Zivilisation oder unser Land oder unsere Kultur vor hierarchischer Regression zu retten, müssen wir Sorge dafür tragen, daß wir es in unseren Hierarchien mit fähigen und menschlichen Menschen zu tun haben. Wir brauchen motivierte, fähige, verantwortungsbewußte Menschen als Bürger, als Angestellte, als Verwaltungsleute, als Führungskräfte. Ehe Sie in der Lage sind, auf kompetente Weise Kompensationswunder zu vollbringen, müssen Sie sich darüber im klaren sein, wie ein Mensch zu einem verantwortungsbewußten, wahrhaft menschlichen Menschen wird.

> Meine Mutter liebte Kinder – sie hätte alles darum gegeben, wenn ich eines geblieben wäre. G. MARX

Unter günstigen Bedingungen entwickeln sich Kinder zu individuellen Persönlichkeiten, die Kompetenz, Verantwortungsgefühl gegenüber anderen, die Fähigkeit zu menschlichen Beziehungen, eine auf lohnende Ziele gerichtete Motivation besitzen.
Nach der Geburt, in den ersten Monaten des Lebens, erlangt der Mensch Zufriedenheit durch Befriedigung seiner körperlichen Bedürfnisse. Wenn das Baby hungrig ist, gibt es seiner Unzufriedenheit durch Schreien, durch seinen Gesichtsausdruck, durch seine angespannte Haltung und durch zappelnde Bewegungen seiner Arme und Beine Ausdruck. Wenn es dann seine Nahrung bekommt, hört das Geschrei auf, der Körper entspannt sich, die Wangen werden voll und bekommen einen rosigen Schimmer, und der Atem geht ruhiger, zufriedener. Auch physischer Kontakt erzeugt in der frühen Kindheit Zufriedenheit. Zärtlichkeiten und Liebkosungen sind zwar zunächst nicht in dem Maße befriedigend wie die Nahrung, gewinnen aber nach und nach immer mehr an Bedeutung, zumal sie mit der Ernährung einhergehen. Beim Stillen und später beim Füttern drückt die Mutter das Kind an ihren warmen Körper. Dieser physische Kontakt steigert die Zufriedenheit, die das Kind später schon empfindet, wenn die Mutter es in den Armen hält.

Mit der Befriedigung, die das Kind bei diesen ersten «gesellschaftlichen Kontakten» empfindet, hat es seinen ersten wichtigen Schritt auf dem Wege seiner Eingliederung in die Gesellschaft getan.
Da das Baby in den Augenblicken, in denen Nahrung und physischer Kontakt Befriedigung bei ihm auslösen, gewöhnlich die Stimme der Mutter hört und ihr Lächeln sieht, gewöhnt es sich nach und nach an Worte als «Bekräftigungsmittel». Mit der Zeit empfindet es schon, wenn die Mutter lächelt und zärtlich zu ihm spricht, ein Gefühl der Zufriedenheit. Dieser Vorgang in der Vorstellung des Kindes, die Verknüpfung von Nahrung mit physischem Kontakt, mit dem Lächeln, der vertrauten Stimme, mit Gesten und mit Worten, führt schließlich dazu, daß auch jedes dieser Elemente für sich allein Befriedigung hervorruft.
Ähnlich reagiert das Kind nach und nach auf den Vater und die anderen Familienangehörigen, die zu ihm sprechen und es liebkosen. Und auf vergleichbare Weise lernt es, auch auf andere Menschen zu reagieren: es macht die Erfahrung, daß aus der Interaktion mit einer größeren Anzahl von Menschen Befriedigung erwächst. So entsteht die Grundlage für jede Form der gesellschaftlichen Zufriedenheit, und das Kind lernt, auf eine immer größere Anzahl von Worten und andere Äußerungen der Zustimmung zu reagieren. Es empfindet Zufriedenheit, wenn es Zustimmung erfährt, und Unzufriedenheit, wenn man es tadelt.
Wenn dann das Kleinkind eine Klapper oder einen Beißring in der Hand halten kann, schöpft es Befriedigung aus der Beschäftigung mit dem Gegenstand. Es greift nach einem Püppchen oder einem Stofftier, hält es fest und freut sich über diese Leistung. Auf diese Weise entwikkelt es Freude an Spielsachen oder anderen Gegenständen und ein Gefühl der Sicherheit in der Umgebung vertrauter Dinge. Es kann von einer Decke oder einem Stofftier so gefesselt sein, daß es sich nicht davon trennt. Zunächst erwächst die Zufriedenheit aus der Beschäftigung mit Gegenständen. Später, wenn sich der Besitzsinn entwickelt, kann auch die Anzahl der Gegenstände Zufriedenheit hervorrufen.

> Was ein Mensch hat, dessen ist er sicher.
>
> MIGUEL DE CERVANTES

Auch das Gehenlernen verschafft Befriedigung, und sie wird durch den Beifall anderer Menschen noch erhöht. Das Kind wird in seinem Versuch, seine Umwelt zu meistern, ständig bestärkt. Die wechselseitigen Beziehungen zur physischen Welt wirken bekräftigend und anregend. So vermittelt die Fähigkeit, ein mechanisches Gerät zu handhaben, beispielsweise ein Dreirad oder einen Roller, und die eigene Umgebung zu erforschen, befriedigende und bekräftigende Erfahrungen, die das Bedürfnis nach Kompetenz noch steigern.

Das große Ziel des Lebens ist nicht Wissen, sondern Handeln. THOMAS H. HUXLEY

Durch eigene Beobachtungen und unmittelbare Erfahrungen wird dem Kleinkind schon früh die Nützlichkeit des Geldes bewußt. Wenn es eine Münze gegen Süßigkeiten oder Eiskrem tauscht, lernt es die Macht des Geldes kennen. Es tauscht sich für eine Münze, der es ursprünglich keinen Wert beimaß, etwas ein, das Zufriedenheit schenkt. Die Erfahrung, daß man sich für Geld Waren wie Süßigkeiten oder Spielzeug oder Dienstleistungen wie Busfahren oder einen Kinobesuch eintauschen kann, führt dazu, daß bereits das Empfangen von Geld Befriedigung verschafft.
Nach dem gleichen Prinzip verschafft das Sammeln von Rabattmarken, Gutscheinen, Sammelpunkten, Münzen und allem anderen, das man tauschen kann, Befriedigung.

Bargeld ist Aladins Wunderlampe. LORD BYRON

Je mehr der Kontakt des heranwachsenden Kindes zu seiner Umwelt wächst, um so stärker wird sein künftiges Verhalten von seiner Umwelt beeinflußt. Wenn das eigene Verhalten eine Wirkung hervorruft, die als angenehm oder befriedigend empfunden wird, fühlt das Kind sich für die Zukunft in diesem Verhalten bestärkt. Löst sein Verhalten eine unangenehme oder schmerzliche oder unbefriedigende Rückwirkung aus, wird es mit der Zeit sein Verhalten ändern. Ein Verhalten, das keinerlei Wirkung zeitigt, wird im allgemeinen allmählich aufgegeben.
Jede Form der Bekräftigung kann Zufriedenheit auslösen: Essen, Zustimmung, Lob, materieller Erwerb, Erfolg in der Beziehung zur Umwelt, Geld, alle Geschenke und Belohnungen.
In der Schule kann die «Rückbeeinflussung» im Lob des Lehrers, im Beifall der Klassenkameraden, in Zensuren, Sternchen, Zeugnissen und Auszeichnungen bestehen.
Der Status ist eine weitere Form, die Folgen eigenen Verhaltens zu erkennen. Das Kind gewinnt einen Wettlauf, verliert bei einem Wettbewerb, zählt zu den besten oder schlechtesten Schülern seiner Klasse oder zum Durchschnitt. Der Status wird durch Abzeichen, Medaillen, Uniformen, Siegerbänder und Urkunden versinnbildlicht.

«Ich bin gerade so groß für mich», sagte er, «wie du für dich!» JOHN K. BANGS

Manche Kinder beginnen spontan damit, ihre eigenen Arbeiten kritisch zu prüfen und ihre Leistungen einzuschätzen. In diesem Fall sucht das Kind selbst Antwort auf die Frage, ob sein Verhalten richtig ist. Kommt es zu der Entscheidung, daß es eine gute Leistung vollbracht hat, ruft dies die gleiche innere Befriedigung hervor wie jeder andere Ansporn. Die Fähigkeit des Kindes, sich auf diese Weise selbst zu bestärken, bestimmt sein Verhalten auch dann, wenn das Lob des Lehrers oder eine andere, von außen kommende Bekräftigung einmal eine Zeitlang ausbleiben.

Selbsteinschätzung, die höchste Stufe der Bekräftigung, wird auch innere Bekräftigung oder Selbstmotivation genannt. In der Umgangssprache beschreibt man das Verhalten eines Menschen, der durch Selbstbeurteilung bekräftigt wird, mit Feststellungen wie: «Er arbeitet sehr gut und sehr selbständig», «Ein sehr zuverlässiger Arbeiter», «Er weiß, was er will».

Auf der höchsten Stufe der Selbsteinschätzung konzipiert das Individuum auf der Basis seiner gesellschaftlichen oder philosophischen Überzeugungen ein Ichideal, dem es sich anzugleichen sucht und an dem es sein Verhalten mißt. Diese abstrakte Form der Bekräftigung fördert ein Verhalten, das auf hohe Ideale gerichtet ist, und ruft in manchen Fällen eine innere Befriedigung hervor, die von außen kommende Strafen überwiegt.

> So wisse denn, was dir genügt zu wissen:
> Tugend allein läßt dich das Glück nicht missen.
>
> ALEXANDER POPE

So erwachsen Befriedigung oder Bekräftigung zunächst aus Nahrungsaufnahme und physischem Kontakt, dann aus Worten, Zustimmung, materiellem Besitz, aus den Beziehungen zur Umwelt, aus Belohnungen aller Art, aus der Kenntnis der Ergebnisse und aus der Selbsteinschätzung des eigenen Verhaltens. In jedem dieser Faktoren sind die früheren enthalten, so daß die Entwicklungsstadien das sich erweiternde Repertoire der Empfänglichkeit für Bekräftigung darstellen.

Die einzelnen Stadien überschneiden sich und werden nicht in bestimmten Stufen erlangt. Sie sind Bestandteil der allgemeinen Entwicklung der individuellen Persönlichkeit. Jedes Stadium ist wichtig für die Entwicklung des Menschen, und sie alle haben eine Bedeutung für die bestehenden Kompensationssysteme.

Wir haben hier die ideale Entwicklung eines Menschen skizziert, der sich selbst verwirklicht hat und imstande ist, sich seine Ziele selbst zu setzen, diese Ziele beharrlich zu verfolgen, seine eigenen Leistungen einzuschätzen und sich zu korrigieren, um den eingeschlagenen Kurs beizubehalten. Wer die Gelegenheit hatte, eine solche Entwicklung durchzumachen, kann sich glücklich schätzen; denn bei weitem nicht alle Eltern sind in der Lage, ihren Kindern eine dafür förderliche Umgebung zu schaffen, und unsere Schulen und Universitäten versäumen es, auf wirksame Weise zur Selbsteinschätzung zu erziehen.

> Laß keinen Mann sich erdreisten, anderen Rat zu geben, der nicht zuerst sich selber Rat gegeben hat. SENECA

Meine langjährigen Erfahrungen im Umgang mit den verschiedensten Kompensationssystemen für Schüler und Studenten und meine Untersuchungen der Kompensationssysteme in der Industrie haben mich veranlaßt, die hier folgenden Peter-Programm-Punkte zu entwickeln.

> Ein Schulterklopfen ist nur ein paar Rückenwirbel entfernt von einem Tritt in den Hintern, ihm aber, was die Folgen betrifft, um Meilen voraus. V. WILCOX

PETER-PROGRAMM PUNKT 51

Die Peter-Pädagogik: *Bekräftigen Sie jede humane Regung eines Kindes*

Da das Verhalten des Kindes im wesentlichen durch Erwachsene bekräftigt wird, sollten Eltern und Lehrer versuchen, Kreativität, Selbstsicherheit und Kompetenz bei Kindern zu fördern. Zustimmung und Lob, sooft das Kind sich menschlich richtig verhält, begünstigen seine menschliche Entwicklung.

PETER-PROGRAMM PUNKT 52

Das Peter-Paar: *Verknüpfen Sie mit dem Ansporn zu einer Entwicklung, die Sie fördern wollen, einen zusätzlichen wirkungsvollen Anreiz*

Den Menschen, die nicht die Vorteile der Peter-Pädagogik genossen haben, kann oft durch fördernde Maßnahmen geholfen werden. Bei einer genauen Kenntnis der Bekräftigungsmöglichkeiten und ihrer Entwicklungsstadien sind Sie in der Lage, Menschen, die auf Grund irgendwelcher Entbehrungen im Laufe ihrer Entwicklung unzugänglich sind, zu ermuntern und zu fördern.

> Jeder Kritiker kann zu einer fabelhaften Durchschnittsleistung beitragen, indem er einfach nur jede *neue* Idee ablehnt. J. D. WILLIAMS

Als Universitätsprofessor hatte ich viel mit Doktoranden zu tun, von denen man erwarten sollte, sie seien zu selbständiger Arbeit und Forschung in der Lage. Ich begegnete jedoch selten einem, der in der Lage war, seine eigene Arbeit zu bewerten. Das herrschende Erziehungssystem hatte die meisten zu viele Jahre lang darauf abgerichtet, Instruktionen zu befolgen und die Bewertung dem Lehrer zu überlassen.

Dennoch konnte ich bei meinen Bemühungen, sie durch Reedukation zu einer gesunden Selbsteinschätzung anzuregen, beachtliche Erfolge erzielen. Ich begann damit, daß ich die Studenten aufforderte, ihre Arbeitsziele zu definieren, ihre Erfolgskriterien aufzustellen, die Orientierungspunkte festzulegen und an jedem dieser Kontrollpunkte das Projekt zu bewerten. Mit anderen Worten: statt sie zu ermuntern, ihr Vorhaben so auszuführen, wie ich es für richtig hielt, ermunterte ich sie, *ihr eigenes Vorhaben nach ihren eigenen Kriterien zu bewerten.* Für jede günstige wie für jede ungünstige Bewertung erhielten sie Lob, sofern die Bewertung mit dem gesetzten Ziel in Einklang stand. Dieses Verfahren verhalf den Studenten zu einer unabhängigen Selbstbewertung.

> Die landläufige Meinung, Erfolg verderbe die Menschen, weil er sie eitel, egoistisch und selbstgefällig mache, ist irrig. Im Gegenteil, Erfolg macht sie zumeist bescheiden, tolerant und gütig. Versagen macht Menschen bitter und grausam. SOMERSET MAUGHAM

Bei der natürlichen Entwicklung der Befriedigungsmöglichkeiten – von der Nahrungsaufnahme und dem physischen Kontakt bis hin zur Kenntnis der Ergebnisse des eigenen Verhaltens und zur Selbsteinschätzung – spielt die «Paarung» von Befriedigungsfaktoren eine bedeutsame Rolle. Wenn die Mutter das Kind füttert und gleichzeitig zu ihm spricht, lösen ihre Stimme und ihre Worte eine stärkere Befriedigung aus. Wenn später in der Schule der Lehrer die Zensur mit einem Lob verbindet, erhöht das den bekräftigenden Wert der Note. Die Zensur wird auf diese Weise zu einem stärkeren Anreiz, gute Arbeiten zu schreiben.

Dieser Vorgang wiederholt sich in den verschiedensten Variationen das ganze Leben hindurch.

> Was wir am meisten lieben und verehren,
> wird durch frühe Assoziationen bestimmt.
>
> OLIVER WENDELL HOLMES JR.

Lowell Scorer lernte Golf spielen. Er tat es hauptsächlich, um mit einigen seiner Freunde, die Spaß am Golf hatten, zusammen zu sein. Er machte rasche Fortschritte, und seine Freunde sprachen ihm ihre Bewunderung aus. Zwei Faktoren kamen hier zusammen: die Bewunderung seitens seiner Freunde und die Verbesserung der eigenen Leistung. Von da an verschafften ihm, wenn er allein Golf spielte, die befriedigenden Ergebnisse, die er erzielte, die gleiche Genugtuung, die er beim Lob seiner Freunde empfunden hatte. Er wurde ein begeisterter Golfspieler und fühlte sich angespornt, seine Leistungen ständig zu verbessern.

Applaus ist die einzige geschätzte Unterbrechung.

A. GLASGOW

Der Umsatz von Grinn & Barret, Inc., war immer mehr zurückgegangen, und die Firma war schließlich nur noch ein bedeutungsloses Anhängsel eines großen Konzerns. Als Ben Ifitz zum Geschäftsführer ernannt wurde, stellte er bald fest, daß seine Abteilungsleiter ihre Aufgaben nur lustlos und mechanisch abwickelten. Er machte sich daran, die Firma zu revitalisieren.

Er setzte sich mit den einzelnen Abteilungsleitern zusammen, bekundete sein Interesse an ihren Problemen und Aspirationen und ließ sich genügend Zeit, um mit jedem von ihnen über vernünftige Ziele und Erfolgskriterien nachzudenken. Jeder wurde ermuntert, sich für seine Abteilung eine Reihe von Zielen zu setzen und ein System zu schaffen, das es ermöglichte, die erzielten Fortschritte zu beurteilen. Bei den darauffolgenden Sitzungen lobte Ifitz jeden für die Beurteilung seiner Arbeit. Die Selbstbeurteilung war also mit Anerkennung und in einigen Fällen auch mit Sonderprivilegien verbunden. Das steigerte die durch Selbsteinschätzung erlangte Befriedigung und wurde wiederum zum Anreiz, noch bessere Leistungen zu erzielen.

Daraufhin ermunterte Ben Ifitz seine Abteilungsleiter, innerhalb ihrer Abteilungen bei ihren verantwortlichen Mitarbeitern nach dem gleichen System vorzugehen. Auf diese Weise gelang es ihm, den Antrieb und das innere Engagement aller Mitarbeiter zu erhöhen.

Anerkennung ist ein wundersam Ding: sie bewirkt, daß das, was an anderen hervorragend ist, auch zu uns gehört.

VOLTAIRE

Die Motivation eines Angestellten setzt sich aus einer Anzahl von Faktoren zusammen, die zu einem großen Teil außerhalb der Kontrolle der Vorgesetzten stehen. Das gilt zum Beispiel für konstitutionelle Faktoren, Erfahrungen aus der Kindheit und nicht mit der Arbeit zusammenhängende Tätigkeiten des Angestellten, die seine Motivation beeinflussen.

Steuern lassen sich hingegen die entscheidenden Einflüsse auf die Motivation des Angestellten: die Lohnbedingungen.

Welche Fähigkeit besitzen wir alle gemeinsam? Die Fähigkeit, zu verändern.

L. ANDREWS

PETER-PROGRAMM PUNKT 53

Die Peter-Penunze: *Setzen Sie Lohn- und Gehaltserhöhungen und erreichbare Prämien für gute Arbeitsleistungen aus*

Die Forschung liefert uns klare Hinweise über die Voraussetzungen, die vorhanden sein müssen, wenn Lohn ein wirksamer Anreiz sein soll. Er muß erstrebenswert und erreichbar sein. Einerlei, wie hoch der Lohn ist, er wird erst dann zu einem Anreiz, wenn er als der Leistung entsprechend betrachtet wird. In einem Unternehmen, in dem die Beziehungen zwischen Vorgesetzten und Untergebenen von Mißtrauen geprägt sind, werden die Untergebenen nicht das Gefühl haben, daß sie ihren Fähigkeiten nach bezahlt werden. Wenn sie aber erst glauben, daß es von Vorteil ist, ein Ja-Sager, ein Katzbuckler oder ein Verwandter oder Freund des Chefs zu sein, ist es gleichgültig, wie die Dinge sich in Wirklichkeit verhalten: Menschen werden nicht durch Tatsachen motiviert, sondern durch das, was sie glauben.

> Unter bestimmten Bedingungen reagieren Menschen ebenso stark auf Fiktionen wie auf Realitäten, und vielfach tragen sie dazu bei, eben die Fiktionen zu schaffen, auf die sie reagieren. WALTER LIPPMANN

Der Wert des Geldes als Leistungsanreiz hängt von den Bedürfnissen ab, die es befriedigt. Bedürfnisse stellen eine Art Hierarchie dar. Die Basis bilden die elementaren Bedürfnisse, zu denen auch physisches Wohlergehen und Sicherheit zählen. In der Mitte rangieren die sozialen Bedürfnisse – Kommunikation, Liebe, Anerkennung, Achtung. An der Spitze steht die Selbstverwirklichung, zu der Kreativität, Autonomie und die volle Entfaltung der eigenen Fähigkeiten gehören.
Es ist wesentlich, sich über diese Hierarchie im klaren zu sein, daß die Grundbedürfnisse in dem Maße, in dem sie befriedigt werden, an Bedeutung verlieren und höher rangierende Bedürfnisse in den Vordergrund treten lassen. Die entscheidende Frage ist also, welche Bedürfnisse der Lohn befriedigt. Ihre elementaren Bedürfnisse können die meisten Menschen heute ziemlich mühelos befriedigen. Aber da diese Bedürfnisse damit an Bedeutung verlieren, ist ein Lohn, der nur sie allein befriedigt, kein wirksamer Anreiz.

> Lohn ist ein Statussymbol, das die Bedürfnisse nach Achtung und Anerkennung zu befriedigen vermag und deswegen oft eine wichtige Belohnung darstellt. E. LAWLER III

PETER-PROGRAMM PUNKT 54

Die Peter-Promotion: *Belohnen Sie durch Beförderung nur, wenn der Beförderungskandidat seine Fähigkeit für die neue Position bewiesen hat*

Ich habe bereits gezeigt, daß eine Beförderung als Kompensation für gute Leistungen nicht unbedingt Kompetenz erzeugt, auch wenn sie vorübergehend Vorteile auf dem Weg nach oben verschaffen mag. Ähnlich wirken sich auch Gehaltserhöhungen oft nur vorübergehend aus. Andererseits liegt es auf der Hand, daß wir *hochbezahlte*, aber *inkompetente* Mechaniker, Lehrer, Kaufleute, Ärzte, Ingenieure, Verwaltungsbeamte und Politiker haben. Geld allein erzeugt keine Kompetenz.

In Unternehmen, in denen Vertreter verschiedener Berufe tätig sind, ist es sinnvoll, auch verschiedene «Beförderungsleitern» zu haben, die eine Beförderung innerhalb einer bestimmten Berufskategorie ermöglichen. Ein Forscher oder technischer Experte kann dann belohnt werden, ohne daß er dadurch mit der Zeit ins Management aufrückt. Gewöhnlich fehlt es in unseren Betrieben jedoch an der notwendigen Flexibilität, ohne die ein wirksames Belohnungssystem nicht funktionieren kann.

> Er wird von uns überbezahlt, aber er ist es uns wert.
>
> SAMUEL GOLDWYN

F. Z. Goze, ein außerordentlich erfolgreicher langjähriger Vertreter der Firma Attit, Early and Layte Enterprises, wurde zum Sales Manager befördert. Mit seinem nicht sehr hohen Maß an Kompetenz für die neue Position gelang es ihm zwar, die Verkaufsabteilung in Gang zu halten, aber in organisatorischen Fragen versagte er völlig. Ein halbes Jahr nach seiner Beförderung stellte sich durch Zufall heraus, daß Red E. Aim, ein kompetenter und erfahrener Vertreter, der seit zwei Jahren für Attit, Early and Layte reiste, ein ungewöhnliches Organisationstalent und erstaunliche Führungsqualitäten besaß. Red. E. Aim soll für seine Leistungen mit der Beförderung zum Verkaufsleiter belohnt werden, wenn Goze sich in elf Jahren aus dem Berufsleben zurückzieht.

> Sie verteidigen ihre Irrtümer, als verteidigten sie ihr Erbe.
>
> EDMUND BURKE

Belohnungen haben einen stärkeren Anreiz, wenn sie in Reichweite liegen. Sie müssen als Lohn für eine kompetente Leistung verstanden und innerhalb einer vernünftigen Zeitspanne gegeben werden. In der Praxis ist es meist nur ein Zufall, wenn eine Beförderung diesen Forderungen gerecht wird.

Das Universum ist voll der wunderbarsten Dinge, die geduldig darauf warten, daß unsere Sinne schärfer werden. E. PHILLPOTTS

PETER-PROGRAMM PUNKT 55

Die Peter-Plazierung: *Bekräftigen Sie den kompetenten Angestellten, indem Sie systematisch den Status seines Arbeitsplatzes erhöhen*

Die Gesellschaft hat für Rang oder Status die verschiedensten Definitionen. Bei manchen Stämmen war es Brauch, daß der Häuptling auf einem größeren Felsblock saß. Bei anderen Gemeinschaften zeichnete sich das Haus oder die Hütte des Häuptlings durch ein besonderes Aussehen aus. Der Rang eines Bürgers wurde bestimmt durch die Dekoration und die Insignien an seinem Haus, durch die Höhe seines Bettes und die Entfernung zwischen seiner Hütte und der des Häuptlings.

Das moderne Establishment der Geschäftswelt ist nach dem gleichen Muster organisiert. Das Büro des Chefs befindet sich im «vornehmsten» Teil des Gebäudes, meist in der obersten Etage. Es ist geräumig, mit dicken Teppichen ausgelegt und elegant möbliert – mit einem riesigen Schreibtisch und komfortablen Sesseln. Je weiter man in der Hierarchie hinuntergeht, um so kleiner sind die Büros, um so billiger die Möbel und um so dünner die Teppiche.

In Handel und Industrie, bei Behörden und im Erziehungswesen, überall gibt es zahlreiche Möglichkeiten, einen Leistungsanreiz zu schaffen, indem man Komfort oder Status der Umgebung des Arbeitnehmers erhöht. Der fähige Mechaniker kann dadurch belohnt werden, daß man ihn beispielsweise seine Werkbank selber wählen läßt. In großen Firmen bieten die Büros zahllose Möglichkeiten, um auf den Status des Büroinhabers hinzuweisen:

Name, auf die Glasfüllung der Bürotür gemalt
Name, in Gold auf die Tür geprägt
Name, in ein Messingschild an der Tür graviert
Glastrennwand
Trennwände, die bis zur Decke reichen
Größe des Büros
Größe des Fensters
Fenstervorhänge
Bodenbelag
Büroausstattung
etc.

Diese höchst unvollständige Liste soll nur eine Vorstellung geben von den vielen Möglichkeiten, den Statuswert des Arbeitsplatzes zu erhöhen, um so einen zusätzlichen Leistungsanreiz zu schaffen. Das traditionelle größere Büro mit Vorzimmer und Sekretärin mag Teil der Motivation des nach oben strebenden Angestellten sein, aber das System der Peter-Plazierung bietet weit mehr Abstufungen und Möglichkeiten einer Auszeichnung, ohne den kompetenten Angestellten von seinem Platz zu entfernen.

> Wir gestalten unsere Häuser – danach gestalten sie uns. WINSTON CHURCHILL

Eine Prüfung der Leistungen des Abteilungschefs Ernest A. Peale ergab, daß er seine Aufgaben hervorragend bewältigt hatte. Als Peale nach einem Urlaub sein Büro betrat, versank sein Fuß in einem dicken Teppich, der gerade gelegt worden war. Alle Worte erübrigten sich. Er wußte, daß seine Fähigkeiten anerkannt wurden. Er fühlte sich sicher. Sein Vertrauen wuchs mit jedem Schritt. Einige Monate später wurde er damit ausgezeichnet, daß man ihm auf dem Parkplatz einen mit seiner Autonummer gekennzeichneten Platz reservierte. So wurde er immer wieder in seinen hervorragenden Leistungen nach dem System der Peter-Plazierung bestärkt. Schließlich, nach einer besonders glücklichen selbständigen Entscheidung, erhielt er die höchste Auszeichnung: einen Schlüssel zur Direktionstoilette.

> Nichts ist neu – nur die Anordnung. WILLIAM DURANT

Zahllose Möglichkeiten bieten sich an: zusätzliche Telefone, Sprechanlagen, Möbel, Schreibtischgarnituren, Schreibgeräte mit eingraviertem Namen, Aschenbecher, Klubsessel, Gemälde und gerahmte Ehrenurkunden – man kann dieses Bekräftigungsverfahren über viele Jahre hin ohne ungebührliche Wiederholungen fortsetzen. Und bis dahin wird der eine oder andere Gegenstand veraltet sein, und man kann wieder von vorn beginnen.
Das Verfahren der Peter-Plazierung bietet die Möglichkeit, einen An-

* Umgekehrt angewandt wird die Peter-Plazierung zuweilen als Entlassungsverfahren praktiziert. Ein Beispiel: Der Vorgesetzte kommt zu dem Schluß, daß er einen Untergebenen über dessen Stufe der Fähigkeit hinaus befördert hat. Ihn zu entlassen, würde einen Schatten des Zweifels auf das frühere Urteil des Vorgesetzten werfen. Sein unmittelbares Ziel ist es daher, den Untergebenen dahin zu bringen, daß er von sich aus kündigt. Am Montagmorgen kommt der Untergebene zur Arbeit, betritt sein Büro und – sein Fuß empfängt eine Botschaft, die sich seinem ganzen Nervensystem mitteilt. Der Teppich ist aus seinem Büro entfernt worden. Am Dienstagmorgen entdeckt er, daß sein Name nicht mehr an der Bürotür steht, und so fort. Spätestens, wenn er am Freitag feststellt, daß nun auch sein Schreibtisch entfernt worden ist, sieht er sich nach einer neuen Stellung um.

gestellten auszuzeichnen, ohne ihn durch Beförderung von seiner Stufe der Kompetenz zu entfernen. Die Anwendung dieses Verfahrens* erfordert Einfühlungsvermögen und Phantasie. Traditionsgemäß hält man es zwar für sinnvoll, die Büros gleichrangiger Angestellter eines wie das andere auszustatten. Aber die Mehrkosten für eine dem Status Rechnung tragende Ausstattung des Arbeitsplatzes werden durch den Zuwachs an Kompetenz mehr als ausgeglichen.

Zufriedenheit, rosiges, lächelndes Mädchen,
Du strahlendste Tochter des Himmels.

L. MANNERS

PETER-PROGRAMM PUNKT 56

Der Peter-Proporz: *Bestärken Sie Ihre Angestellten in dem Glauben, daß die Löhne und Gehälter in direktem Verhältnis zur Leistung stehen*

Wenn Löhne und Gehälter Anreiz zur Leistungssteigerung sein sollen, kommt es entscheidend darauf an, daß die Angestellten sie als an die Leistung gebunden betrachten. Der Unternehmensleiter hat nur begrenzten Einfluß darauf, ob Löhne und Gehälter seinen Mitarbeitern attraktiv erscheinen, doch ein erklärtes Kompensationssystem, bei dem sich die Kompensation nach der erbrachten Leistung richtet, kann einen wirksamen Anreiz schaffen.

Das Vergnügen kommt erst dann, wenn alle Pflichten
getan sind. R. POLLOK

Jake Bilgewater, Präsident der Belchfire Rocket Boat Company, berichtete mir, er und sein Top-Management hätten das gerechteste und attraktivste Prämiensystem entwickelt, das seine Firma sich leisten könne. Aber zu seiner Enttäuschung wirke es sich nicht im geringsten aus, und er habe gehört, seine Leute hielten es für einen Witz.

Gespräche mit seinen Mitarbeitern zeigten mir, daß die Leute in dem neuen Prämiensystem nur eine weitere Methode des alten Bilgewater sahen, seinen Verwandten und Freunden, die die Schlüsselpositionen in der Firma innehatten, mehr Geld zuzuschanzen.

Wenn du nicht imstande bist, dich vernünftig mit dir selbst
zu verständigen, wie solltest du es dann mit den Fremden
draußen können? J. FEIFFER

PETER-PROGRAMM PUNKT 57

Die Peter-Privatbehandlung: *Verteilen Sie Belohnungen individuell, und unterscheiden Sie dabei erkennbar zwischen guten und schlechten Leistungen*

Wenn Belohnungen an Leistungen gebunden sind, dann sollten sie groß genug sein, damit sie auch als solche erkannt werden. Das gilt sowohl für Lohn und Gehalt als auch für alle anderen Belohnungsverfahren. Unfähigen Mitarbeitern jährlich das Gehalt um 5 Prozent aufzubessern und fähigen Mitarbeitern 10 Prozent mehr zu geben ist wirkungslos. Was immer zugunsten derartiger finanzieller Hätscheleien gesagt wird, sie haben sich weder als wirksamer Anreiz noch als Bekräftigung erwiesen.

Wer jedermann lobt, lobt niemanden. SAMUEL JOHNSON

O. C. Bigman, Direktor der Wrapture, Inc., einer Firma für Verpackungsmaterial, die zum Konzern der Doo and Daire Enterprises gehört, stellte fest, daß die besten Mitarbeiter gegenüber den schlechtesten bei der gleichen Tätigkeit mindestens die doppelte Leistung erbrachten. Er beschloß, die Peter-Privatbehandlung einzuführen. Er teilte das Gehalt jedes Angestellten in drei Teile. Die Höhe des ersten Teils, des Grundgehalts, wurde nach der Arbeit, die der Angestellte verrichtete, festgesetzt, und alle, die einen Posten der gleichen Kategorie innehatten, erhielten auch den gleichen Grundbetrag. Die Höhe des zweiten Teils richtete sich nach Dienstalter und dem Anstieg der Lebenshaltungskosten. Dieser Teil des Gehalts wurde bei jedem Mitarbeiter jährlich automatisch angeglichen. Nicht automatisch angeglichen wurde der dritte Teil: seine Höhe richtete sich nach der persönlichen Leistung des einzelnen Angestellten in den vorangegangenen zwölf Monaten.

Der unfähigste Arbeitnehmer bei der Wrapture, Inc., erhielt keine Leistungszulage, während bei dem fähigsten Mitarbeiter die Leistungszulage genauso hoch war wie die zwei anderen Teile seines Gehalts zusammen. O. C. Bigman machte seinen Mitarbeitern klar, daß die Leistungszulage keine feste Gehaltserhöhung sei, sondern je nach Leistung des einzelnen im vorangegangenen Zeitabschnitt variieren werde. Gehaltserhöhungen gab es – abgesehen von der automatischen Angleichung des zweiten Teils – nur noch bei Beförderungen.

Die Leistungszulage variierte, so daß bei abfallender Leistung auch das Gehalt geringer wurde. Als die Mitarbeiter sahen, daß diejenigen, die gute Arbeit leisteten, belohnt wurden, akzeptierten sie das neue Kompensationssystem.

Mache mich stark, indem du mit meinen Kräften sympathisierst und nicht mit meiner Schwäche. AMOS B. ALCOTT

PETER-PROGRAMM PUNKT 58

Der Peter-Profit: *Machen Sie Ihr Unternehmen zu einer Gemeinschaftsunternehmung, indem Sie die Gewinne mit Ihren Mitarbeitern teilen*

Sorgt dafür, daß ein jeder als individuelle Persönlichkeit geachtet und niemand vergöttert wird. ALBERT EINSTEIN

PETER-PROGRAMM PUNKT 59

Die Peter-Protektion: *Sorgen Sie durch zusätzliche Sozialaufwendungen für wirkliche Sicherheit und sinnvolles Prestige*

Kompetenz läßt sich auch dadurch erhöhen, daß man für Sicherheit und Ansehen durch zusätzliche Sozialaufwendungen sorgt. Sonderleistungen als Kompensation für hervorragende Leistungen können sich auf allen Stufen der Hierarchie als wirkungsvolle Mittel des Anreizes und der Bekräftigung erweisen. In den meisten Unternehmen werden nur Führungskräften Privilegien wie Firmenwagen, unbegrenzte Spesenkonten, Geschäftsreisen ins Ausland (mit der Ehefrau), Optionen auf Firmenaktien und dergleichen zugestanden. Das wird dann meist damit begründet, daß man das persönliche Interesse der leitenden Angestellten fördern müsse. Vor allem aber werden mit derartigen zusätzlichen, nicht in barem Geld bestehenden Vergütungen für Führungskräfte, die bereits hohe Gehälter beziehen, Lücken in den Einkommensteuerbestimmungen genutzt.

Wenn dagegen Sonderleistungen tatsächlich für Sicherheit und Ansehen sorgen und von der Fähigkeit des einzelnen abhängen, können sie ein wirkungsvoller Anreiz sein. Bedauerlicherweise werden sie diesen Forderungen meist nicht gerecht.

Wer wohl zufrieden ist, ist wohl bezahlt.
WILLIAM SHAKESPEARE

B. Eager, ein aufstrebender junger Mann, wurde zum stellvertretenden Filialleiter der Watch & Wayte Products, Limited, befördert und geriet dadurch in den Genuß der dem Management der Firma vorbehaltenen Sondervergütungen, zu denen das Vorkaufsrecht auf Aktien der Firma im Nennwert von 10000 Dollar gehörte. Um seine Dankbarkeit und sein Vertrauen in die Firma zu bezeugen, erwarb er die Anteile mit

Hilfe seiner Ersparnisse und eines Bankdarlehens. Der Börsensturz, der den Wert des Papiers um 50 Prozent verminderte, hatte nichts mit seiner Fähigkeit oder seiner Loyalität gegenüber der Firma zu tun.

> Zu erkennen, wann es eine Gelegenheit zu ergreifen gilt, ist das Wichtigste im Leben; aber fast ebenso wichtig ist es, zu wissen, wann man auf einen Vorteil besser verzichtet. BENJAMIN DISRAELI

Ivan Austin nahm um einer Beförderung willen die Versetzung von Santa Cruz, Kalifornien, in das Hauptbüro seiner Firma in New York in Kauf. Die Gehaltserhöhung ging für die höheren Lebenshaltungskosten drauf. Er bekam auch einen Firmenwagen zur Verfügung gestellt, aber wegen des nervenzermürbenden Verkehrs in der Stadt benutzte er ihn nur selten. Meist fuhr er, um Zeit und Kraft zu sparen, mit dem Pendlerzug.

> Er arbeitete wie ein Verrückter auf dem Land, damit er in der Stadt wohnen konnte, wo er wie ein Verrückter arbeitete, damit er auf dem Land wohnen konnte.
>
> DONALD MARQUIS

PETER-PROGRAMM PUNKT 60

Das Peter-Portemonnaie: *Lassen Sie jeden Angestellten die Art der Sondervergütung, die er gern erhalten würde, selber wählen*

Die Anregung, den einzelnen Angestellten zwischen verschiedenen Arten der Sondervergütung wählen zu lassen, ist von Betriebswirtschaftlern, Managementberatern, Verhaltensforschern, Angestellten und Gewerkschaftsführern begrüßt worden. Ein weitgefächertes Angebot von Kompensationsmöglichkeiten, die den Bedürfnissen seiner Angestellten nach Geld, Prestige, Sicherheit oder Selbsterfüllung Rechnung tragen, ist für ein Unternehmen ebenso zweckmäßig, wie es ein vielfächeriges, mit Noten und Münzen der verschiedenen Währungen gefülltes Portemonnaie für den Weltreisenden ist.
Für einen jungen Angestellten, der ein Haus oder eine Wohnung kaufen und eine Familie gründen will, ist eine Option auf Firmenaktien oder die Anwartschaft auf eine von der Firma gezahlte Pension unter Umständen nur ein schwacher Anreiz. Sondervergütungen, die nicht in barem Geld bestehen, befriedigen nicht seine unmittelbaren Bedürfnisse. Später, in der Mitte seiner Laufbahn, mögen solche Sonderleistungen sehr attraktiv für ihn sein. Zu den Kompensationsangeboten sollten Gewinnbeteiligung, mehr Freizeit, die Möglichkeit, selbständige Entscheidungen zu treffen oder kreative Arbeit zu leisten, und eine reiche

Auswahl von freiwilligen Sozialleistungen gehören. Das Peter-Portemonnaie hat den großen Vorteil, daß es den im Laufe der Zeit wechselnden Bedürfnissen jedes einzelnen Mitarbeiters gerecht wird und darum ein wirksamer Anreiz ist.

> Es ist jetzt an der Zeit für alle guten Menschen, sich selbst zu Hilfe zu kommen. F. NELSON

PETER-PROGRAMM PUNKT 61

Das Peter-Pensum: *Ermuntern und bestärken Sie Ihre Mitarbeiter, indem Sie ihnen genau darlegen, was sie erreichen sollen, und sorgen Sie dafür, daß sie genau erfahren, wie sie ihre Aufgabe erfüllt haben*

Klar umrissene Ziele zeigen dem Angestellten, was von ihm erwartet wird, und sind zugleich eine Grundlage für eine objektive Bewertung seiner Leistung.
Als Ryte Onn, ein tüchtiger Wagenmeister der Toonerville Central Railway, einmal gefragt wurde, warum er mit seinem Hammer an den Zügen entlanggehe und gegen die Räder klopfe, antwortete er: «Ich weiß es nicht.»

> Eimer in leere Brunnen hinablassen und über dem Heraufziehen leerer Eimer alt werden. WILLIAM COWPER

PETER-PROGRAMM PUNKT 62

Die Peter-Partizipation: *Fördern und belohnen Sie Gruppenleistungen*

Für viele Menschen sind die stärksten Antriebsmomente die Herausforderung der Arbeit sowie die Möglichkeit, etwas zu erreichen und dabei mit Menschen zusammenzuarbeiten, die sie schätzen.
Manchmal ist es nicht gut möglich, die Leistung des einzelnen zu messen. In solchen Fällen ist es sinnvoll, die Gruppenleistung bei der Belohnung von Angestellten zugrunde zu legen. Dieses Verfahren regt zu kooperativem Verhalten an.

> Nicht der einzelne, sondern die Mannschaft wird für zähes Rudern gelobt. RALPH WALDO EMERSON

Die Installation eines Fließbandes bei der Firma Trojan Traction Tractors hatte zunächst zu einer Verbesserung der Produktion geführt, doch seit einigen Jahren wurden immer mehr Traktoren fehlerhaft montiert. Er zeigte sich, daß es die Arbeiter einfach langweilte, ständig die gleichen Handgriffe zu tun. Zunächst versuchte man der Situation beizukommen, indem man die Anzahl der Aufseher erhöhte. Aber auch die Aufseher wurden der Eintönigkeit ihrer Arbeit überdrüssig und übersahen die Montagefehler.

I. C. Lyte, ein fähiger Industrieingenieur, entwickelte ein verbessertes Montageverfahren und teilte die Arbeiter in Gruppen ein, von denen jede für die Montage eines größeren Bestandteils verantwortlich war. Jede Gruppe erhielt eine Prämie dafür, wenn im Laufe der Garantiezeit keine Beanstandungen an dem von ihr montierten Teil gemeldet wurden.

Kooperatives Verhalten führte dazu, daß Fehler praktisch nicht mehr vorkamen. Die Arbeiter beteiligten sich kreativ an der Verbesserung der einzelnen Arbeitsabläufe und erzielten eindeutig bessere Ergebnisse.

> Die Menschen bauen zu viele Mauern und nicht genügend Brücken. DOMINIQUE GEORGES PIRE

PETER-PROGRAMM PUNKT 63

Die Peter-Parole: *Ermuntern Sie kompetente Mitarbeiter, persönliche Initiativen zu entfalten*

Viele fähige Menschen fühlen sich durch Vorschriften und bürokratische Einschränkungen frustriert. Diese Art der Frustration läßt sich vielfach durch Befriedigung ersetzen, wenn man den kompetenten Mitarbeiter ermächtigt, selbständig zu arbeiten oder seine Abteilung nach seinen eigenen Gesichtspunkten zu leiten. Auf diese Weise wird die Aufmerksamkeit mehr auf realistische Aufgaben als auf ritualistische Prozeduren gerichtet. Eine noch bessere Wirkung läßt sich erzielen, wenn die Verwaltungsleute Achtung vor fähigen Mitarbeitern bekunden und ihnen die Freiheit gewähren, eigene Initiative zu entwickeln. Das befriedigt das Bedürfnis, die eigenen Fähigkeiten zu entfalten und sich geachtet und geschätzt zu sehen.

> Individualität muß überall gehegt und gepflegt werden als die Wurzel alles Guten. J. RICHTER

PETER-PROGRAMM PUNKT 64

Die Peter-Propaganda: *Verkünden Sie laut und deutlich Ihre Anerkennung für besonders hervorragende Leistungen*

Ein Verwaltungsmann muß organisieren, lenken und überwachen, Entscheidungen treffen, programmieren und koordinieren, bewerten und kontrollieren. Über diesen Aufgaben wird oft die wichtigste ver-

gessen: er muß mit Menschen zusammenarbeiten, um Ziele zu erreichen. Diese Aufgabe erfordert Verständnis, Takt, Einfühlungsvermögen, guten Willen, Freundlichkeit und Mitgefühl.
Wir alle bewerten Lob, Beifall oder Anerkennung je nach der Quelle, von der sie kommen. Wird man von jemandem gelobt, dem man nicht über den Weg traut, hat man oft das Gefühl, er wolle einen hereinlegen.

> Wir bilden uns zuweilen ein, wir haßten Schmeichelei, aber wir hassen nur die Art, wie man uns schmeichelt.
> FRANÇOIS DE LA ROCHEFOUCAULD

M. T. Hart, Verwaltungsmann, legte Wert auf seine Autorität und seinen Status. Er konzentrierte seine Aufmerksamkeit auf Planungs- und Organisationsfragen, Arbeitseinteilung und Arbeitskontrolle. Er war der Meinung, Untergebene seien dazu da, seine Befehle und Aufträge auszuführen. Als ein Kollege mit ihm über die Wichtigkeit menschlicher Beziehungen sprach, erklärte M. T. Hart: «Nette Jungs sind immer die langsamsten.»
Als Hart einmal an einem Gruppenseminar über Verhaltensfragen teilnahm, war er tief beeindruckt von den dort vorgetragenen Forschungsergebnissen. Er verließ das Seminar in gehobener Stimmung: er glaubte, eine neue Technik gelernt zu haben, sich seine Untergebenen gefügig zu machen. In den folgenden zwei Wochen achtete er auf alle Arbeitsleistungen, die seinen Status erhöhten, und überhäufte die erstaunten Angestellten, die sie vollbracht hatten, mit Lob. Fast jeder von ihnen fragte sich sofort mißtrauisch, welche Absichten M. T. Hart hinter diesem Lob verberge, und alle fürchteten den Unmut ihrer Arbeitskollegen.

> Auch in der Politik zeitigt eine böse Tat böse Folgen. Das ist, so meine ich, ein ebenso festes Naturgesetz wie jedes Gesetz der Physik oder Chemie. JAWAHARLAL NEHRU

Frank N. Able, auch ein leitender Verwaltungsmann, verstand es, einerseits Rücksicht auf die Bedürfnisse seiner Mitarbeiter zu nehmen und andererseits mit dem nötigen Nachdruck darauf zu bestehen, daß die Arbeit getan wurde. Er war aufrichtig um das Wohl und die Zufriedenheit seiner Leute bemüht und stets bereit, gemeinsam mit ihnen alle auftauchenden Probleme zu lösen. Sein Lob und Beifall wirkten ermunternd und anspornend.

> Es macht Freude, von jemandem gelobt zu werden, den alle Menschen loben. T. HOWE

PETER-PROGRAMM PUNKT 65

Das Peter-Prestige: *Sprechen Sie regelmäßig mit den fähigen Mitarbeitern aller Ränge*

Fast jeder sucht den Kontakt mit angesehenen Persönlichkeiten. Menschenmengen versammeln sich, um einen erfolgreichen Schriftsteller oder Politiker zu sehen und ihm nach Möglichkeit die Hand zu schütteln. Innerhalb einer Organisation wird der persönliche Kontakt mit dem obersten Geschäftsführer oder Unternehmer als Auszeichnung empfunden.

Die traditionellen Hierarchien zeichnen sich durch einen Kommunikationsfluß von oben nach unten aus. Alle Mitarbeiter einer Stufe, vom fähigsten bis zum unfähigsten, stehen nur vertikal mit den Mitarbeitern der nächsthöheren Stufe in Verbindung. Wenn man das traditionelle Verwaltungsschema seitwärts drehte, gäbe es mehr Beförderungsmöglichkeiten innerhalb der einzelnen Ränge und mehr Möglichkeiten, einzelne Mitarbeiter auch auf ihrer Stufe der Fähigkeit auszuzeichnen. Innerhalb dieser umgedrehten Hierarchie würden diejenigen, die auf Grund ihrer Kompetenz innerhalb ihres Ranges eine Spitzenposition erreichen, in engerer Verbindung mit der Spitze aller Ränge stehen. Das wäre ein starker Anreiz für den Fähigsten, an der Spitze seines Ranges zu bleiben und sich seine Kompetenz zu erhalten. Durch eine Beförderung in den nächsten Rang verlöre er automatisch an Status, und vielleicht wäre er nie in der Lage, auch innerhalb seines neuen Ranges wieder eine Spitzenposition zu erreichen.

In der umgedrehten Hierarchie hätten die Spitzenkräfte unmittelbaren Zugang zu den fähigsten Mitarbeitern jedes Ranges. Die so verstärkte Kommunikation würde das Prestige jedes Ranges erhöhen, und sie würde auch den verantwortlichen Geschäftsführern zu unmittelbarem kompetentem und realistischem Rat aus allen Rängen verhelfen.

> Das Ganze ist einfacher als die Summe seiner Teile.
>
> WILLIAM GIBBS

PETER-PROGRAMM PUNKT 66

Die Peter-Protreptik: *Leiten und lenken Sie unfähige Mitarbeiter zu vernünftigem Verhalten und zur Kompetenz hin*

Alle bisher vorgeführten Kompensationsmethoden gehen von gemeinsamen Zielen des Arbeitnehmers und des Arbeitgebers aus. Es verstößt keineswegs gegen die ethischen Grundsätze, wenn ein Unternehmer seine Mitarbeiter für vereinbarte und von seinen Mitarbeitern angestrebte Leistungen belohnt. Da es bei der Peter-Protreptik nicht immer um gemeinsame Ziele geht, müssen Sie sich die Frage stellen und beantworten, ob Sie berechtigt sind, eines anderen Menschen Verhalten grundlegend zu ändern. Ich habe mich, als ich an einer Sonderschule unterrichtete, der Peter-Protreptik bedient, um zurückgebliebenen, psychotischen, nervenkranken und anderen schwerbehinderten Menschen zu einem besseren Verhalten zu verhelfen. Ich habe immer das Gefühl gehabt, daß es gerechtfertigt war, diesen Menschen zu helfen, auch wenn sie unfähig waren, sich selber Ziele zu setzen.

> In Sachen des Gewissens ist das Gesetz der Mehrheit nicht zuständig. MAHATMA GANDHI

Da das Verhalten durch die Folgen, die es auslöst, geformt wird, kann es systematisch verbessert werden. Eine Verhaltensweise, in der das Individuum sogleich bestärkt wird, tritt gewöhnlich auch in der Zukunft immer wieder zutage. Und da sich das Verhalten des Menschen nicht jedesmal in genau der gleichen Weise wiederholt, ist es möglich, es auf ein bestimmtes Ziel hin zu formen. Man erreicht das, indem man sich die Veränderlichkeit des Verhaltens zunutze macht und nur die gewünschten Reaktionen bekräftigt.

> Es gibt nichts Beständiges in der Welt außer der Unbeständigkeit. JONATHAN SWIFT

D. V. Jones, Präsident der berühmten Kon-Tiki-Bootswerft in Excelsior, stellte seinen Schwiegersohn Noah Count als Mitarbeiter in der Abteilung für Ersatzteile ein. D. V. Jones hoffte, Gene Yuss, der Leiter der Abteilung, werde Noah Count beibringen können, Bestellungen und Routineangelegenheiten zu erledigen. Es dauerte nicht lange, da merkte Gene Yuss, was für eine schwierige und heikle Aufgabe D. V. Jones ihm gestellt hatte.

Obwohl man es ihm wiederholt erklärt und vorgeführt hatte, vergaß Noah immer wieder, die Rechnungsduplikate in den Lagerkisten abzuzeichnen; die Eintragungen schrieb er in die falschen Spalten der Lagerlisten, und seine Preismarkierungen waren nicht zu entziffern. Nach langem Überlegen beschloß Gene Yuss, Noahs Verhalten zu formen und ihn so zu akzeptablen Leistungen hinzuführen. Er definierte genau, was Noah zu tun habe, um fähige Arbeit zu leisten. Dann ergriff er jede Gelegenheit, um Noah zu jedem Schritt, der ihn dem Kompetenzziel näherbrachte, zu beglückwünschen. Als Noah zum Beispiel einen Preis richtig und leserlich auf ein Preisschildchen schrieb, gratulierte Gene Yuss ihm und wies ihn darauf hin, wieviel weiter er mit etwas Ordentlichkeit und Klarheit komme. So ermunterte und bestärkte er ihn systematisch bei jeder Aufgabe, bis Noah nach und nach befriedigende Leistungen zustande brachte. Gene Yuss erkannte, daß er, hätte er gewartet, bis Noah Count eine vollständige Aufgabe kompetent erledigte, ewig hätte warten können.

> Der hat genügend Reichtümer, der genug besitzt, um barmherzig zu sein. SIR THOMAS BROWNE

Wir haben gesehen, daß die einzelnen Peter-Programm-Punkte, in der täglichen Praxis angewandt, zu allgemeiner Leistungssteigerung und -verbesserung führen können. Obwohl solche Techniken des Managements hauptsächlich im Bereich der Wirtschaft angewendet werden, können sie doch auch einen wichtigen Beitrag leisten zur Politik, zum gesamten Erziehungswesen, zur Gesellschaftspolitik und zu jeder anderen Unternehmung, bei der es darum geht, Menschen zu beeinflussen, um lohnende Ziele zu erreichen.

> Vergiß nicht, ehe es zu spät ist, daß das Geschäft zu leben nicht ein Geschäft ist, sondern Leben. B. C. FORBES

Au revoir
oder
Der Peter-Plan

Von Ideen kann man nicht leben:
man muß etwas mit ihnen anfangen.
ALFRED N. WHITEHEAD

Au revoir
oder
Der Peter-Plan

> Ach! Wann wird aller Menschen Gutes
> Jedes Menschen Richtschnur sein
> und allgemeiner Friede
> Wie ein Lichtstrahl liegen über dem Land?
>
> ALFRED LORD TENNYSON

Sorge um die Zukunft zerstört in zunehmendem Maße das moderne Leben. Wir sind von eingewurzelten Gewohnheiten umstellt und lassen es zu, daß technologische und organisatorische Methoden zu den bestimmenden Faktoren sozialer Veränderungen werden. Unsere Hierarchien haben sich verselbständigt, und ihre Macht wächst in dem Maße, in dem Verantwortung und Individualität abnehmen. Hierarchische Regression hat unsere Qualitätsmaßstäbe zersetzt. Das Bruttosozialprodukt gilt noch immer als Ausweis für die Leistung eines Volkes. Man wirft den Aufwand für Zigarettenwerbung und Krebstherapie, den Automobilumsatz und die Begräbnisgebühren, Napalm und Arzneimittel in einen Topf.

> Die Lebenskosten steigen, und unsere Lebenschancen sinken. F. (FLIP) WILSON

Sinnlose Eskalation bei der Nutzung natürlicher Energiequellen hat den Menschen in dem Glauben bestärkt, er stehe über der Natur und könne der natürlichen Umwelt ohne Rücksicht auf die ökologischen Folgen seine Gesetze diktieren. Raubbau, Ausbeutung scheinbar unbegrenzter Landstriche und die Schändung der Schönheit der Natur werden fortgesetzt, obgleich die «häßlichen» Folgen immer offenbarer werden.

Wenn so auch andere Probleme in den Vordergrund getreten sind: die *Möglichkeit* eines verheerenden Krieges bleibt so lange bestehen, wie die nationale Verteidigung auf der atomaren Drohung und gegenseitigen Abschreckungssystemen beruht. Heute, da ein Krieg die ganze Menschheit auslöschen kann, brauchen wir wirksame internationale Gesetze und eine Friedensstrategie, die einen Krieg unmöglich machen.

> Tätigen Anteil an den Lösungen der Friedensprobleme zu nehmen ist eine moralische Pflicht, der sich kein gewissenhafter Mensch entziehen kann. ALBERT EINSTEIN

Die Jugend ist zu einem großen Teil nicht gewillt, sich unserer an Verstopfung und einer unglaublich kraftlosen Einstellung zum Leben leidenden Zivilisation anzupassen. Junge Leute haben Agrarkommunen gegründet, um in Einklang mit der natürlichen Umwelt zu leben. Andere sind in revolutionärer Rhetorik befangen. Aber während diese Jugend vom Establishment angegriffen wird, findet ironischerweise ihre Einstellung zur Frage der sozialen Gerechtigkeit, zu den Umweltproblemen, zur Zukunft und zum Frieden in der Welt immer mehr Unterstützung.

> Wenn wir eine neue Welt schaffen wollen: das Material haben wir zur Hand – auch die erste wurde aus dem Chaos erschaffen. R. QUILLEN

Die Anwendung des Peter-Programms ist der erste Schritt, die aus der Eskalation erwachsenden Gefahren abzuwenden. Jeder einzelne, der das Peter-Programm praktiziert, trägt zu seiner Selbstverwirklichung als menschlicher Mensch und zum Überleben der Menschheit bei.

> Wer sich selbst bessert, hat mehr für die Besserung der Allgemeinheit getan als ein Haufen lärmender, ohnmächtiger Patrioten. JOHANN KASPAR LAVATER

Technologischer Fortschritt ist nicht seinem Wesen nach vom Übel, aber wenn er sich ohne entsprechende soziale, erzieherische und humanistische Fortschritte vollzieht, verschlingt er alles. *Das Peter-Programm* zeigt, wie jeder von uns mit dem Aufbau der Gesellschaft von morgen beginnen kann. Denn der Mensch kann nicht allein von Unfähigkeit leben.

> Die größte Frage, vor der die Menschheit steht und deren Beantwortung ich nicht mehr erleben werde, lautet: Wie werden die Menschen einmal den Willen und die Fähigkeit aufbringen, sich vor dem Untergang zu retten?
> WALTER LIPPMANN

Anne-Marie und Reinhard Tausch

Reinhard Tausch
Hilfen bei Streß und Belastung
Vollständig überarbeitete und erweiterte Neuausgabe
(rororo sachbuch 60124)
«In seinem Taschenbuch *Hilfen bei Stress und Belastung* hat Tausch die Problematik einfühlsam, gut verständlich und Hilfe zur Selbsthilfe gebend behandelt.
Frankfurter Allgemeine Zeitung

Seit ihrer Krebserkrankung setzte sich **Dr. Anne-Marie Tausch** gemeinsam mit ihrem Mann sehr intensiv mit der Erfahrung und der Bedeutung des Sterbens auseinander. Sie starb 1983 an ihrem Krebsleiden. **Professor Dr. Reinhard Tausch** arbeitet am Psychologischen Institut der Universität Hamburg.

Anne-Marie Tausch
Gespräche gegen die Angst
Krankheit – ein Weg zum Leben
(rororo sachbuch 18375)
«Gespräche gegen die Angst« Ist eine lebendige Darstellung der Erfahrungen schwer erkrankter Menschen und ihrer Helfer in der Familie, in Krankenhäusern und Arztpraxen. Durch mehrere hundert Gesprächsausschnitte und durch persönliche Erlebnisberichte der Autorin bekommt der Leser einen tiefen Einblick in die seelische, körperliche und soziale Situation der Erkrankten. Vor allem aber zeigt Anne-Marie Tausch die vielen Möglichkeiten und Wege eines angstfreien, hilfreichen Umgangs der direkt und indirekt Betroffenen mit der Erkrankung auf.

3508/7

rororo sachbuch

Anne-Marie Tausch / Reinhard Tausch
Sanftes Sterben *Was der Tod für das Leben bedeutet*
(rororo sachbuch 18843)
«Es spricht vieles dafür, daß von diesem Buch Veränderung ausgeht: Es bricht mit sanfter Radikalität ein Tabu, das Tabu des Todes. Und es informiert einfühlsam über alles, was beim Sterben, dem eigenen oder dem von Freunden und Verwandten, passiert. Jede Frage erhält eine Antwort.»
Süddeutsche Zeitung

Weitere Informationen in der **Rowohlt Revue**, kostenlos in Ihrer buchhandlung, oder im **Internet: www.rororo.de**

4506/8

Philosophie

rowohlts monographien
Begründet von Kurt Kusenberg, herausgegeben von Wolfgang Müller und Uwe Naumann.

Hannah Arendt
dargestellt von
Wolfgang Heuer
(50379)

Aristoteles
dargestellt von J.-M. Zemb
(50063)

Walter Benjamin
dargestellt von Bern Witte
(50341)

René Descartes
dargestellt von Rainer Specht
(50117)

Johann Gottlieb Fichte
dargestellt von
Wilhelm G. Jacobs
(50336)

Michel Foucault
dargestelt von
Bernhard H. F. Taureck
(50506)

Georg Wilhelm Friedrich Hegel
dargestellt von
Franz Wiedmann
(50110)

Karl Jaspers
dargestellt von Hans Saner
(50169)

Immanuel Kant
dargestellt von Uwe Schultz
(50101)

Jean-Paul Sartre
dargestellt von
Christa Hackenesch
(50629)

rowohlts monographien

Karl Marx
dargestellt von
Werner Blumenberg
(50076)

John Stuart Mill
dargestellt von
Jürgen Gaulke
(50546)

Friedrich Nietzsche
dargestellt von Ivo Frenzel
(50634)

Jean-Jacques Rousseau
dargestellt von
Georg Holmsten
(50191)

Karl Popper
dargestellt von
Manfred Geier
(50468)

Der Wiener Kreis
dargestellt von
Manfred Geier
(50508)

Ludwig Wittgenstein
dargestellt von
Kurt Wuchterl
und Adolf Hübner
(50275)

4501/11

rororo science

Pierre Basieux
Die Welt als Roulette
Denken in Erwartungen
(rororo sachbuch 19707)

Sie planen einen Casino-Coup – ohne krumme Tricks, versteht sich. Was sollten sie beachten? Nichts, weil ohnehin alles nur Zufall ist? – Weit gefehlt! Es gibt beim Roulette Erkenntnisse über Abweichungen vom reinen Zufall, und einige von ihnen konnten zu wissenschaftlich fundierten Methoden mit positiver Gewinnerwartung ausgebaut werden.
Aber das gilt nicht nur für den Spieltisch, sondern auch für die Welt und das tägliche Leben – der Zufall läßt sich zähmen. Dazu ist neben dem Denken in Wahrscheinlichkeiten das Denken in Erwartungen notwendig, das die Probabilistik umfaßt und ergänzt.

3712/1